発達と学習

― 教育場面での心理学 ―

土屋 明夫 編著
和田 万紀
伊坂 裕子
松本 洸

八千代出版

執筆分担（掲載順）

土屋　明夫（日本大学経済学部准教授）　　　第1章
和田　万紀（日本大学法学部教授）　　　　　第2章
伊坂　裕子（日本大学国際関係学部准教授）　第3章
松本　洸　（日本大学芸術学部教授）　　　　第4章

まえがき

　本書は、教職の基礎理論に関する一科目である「発達と学習」のテキストである。この科目は、教職の資格取得希望者にとっての必須科目の一つであり、心理学の諸理論を教育現場に応用していくことにその特徴がある。

　本書で取り上げたテーマは、「発達（発達と教育）」「学習」「学級集団」「検査と評価（生徒を知ることと評価すること）」と、いたってオーソドックスなものにした。その理由として、児童・生徒の指導（や子どもの養育）に携わる際には、"人間に対する理解"、"学ぶことや学ばせることに対する理解"、"集団心理や人間関係に関する理解"、そして"教育実践の結果に対する判断の方法や今後への活かし方に関する理解"が最も必要かつ根本であると考えるからである。

　ただ最近では、LD（学習障害）児やADHD（注意欠陥・多動性障害）児、あるいは社会性の不足、さらにいじめや不登校などへの対処も求められる機会が高まってきている。そういった課題にも対処できるためには、臨床的な知識が必要とされるが、このテキストでは割愛せざるを得なかった。その点是非とも、臨床心理学や教育カウンセリング論などの科目を履修することで補っておかれることを希望する。

　ところで、諸君がこれから飛び込んでいこうとしている教育界は、"国力は教育力（学力）にかかっている"とよくいわれるように、周囲から掛けられる期待が大きな世界である。それ故にこそ、教育の現場は、その時々の社会状況の波にさらされることにもなるわけである。例えば、敗戦からスタートした戦後の国力回復期における、知識や技術の修得に比重が置かれた「学力観」の時代も、国力が回復し安定期に入ると、それまでの量的レベルに比重を置いた「学力観」から、人間性つまり個々人の生き方（姿勢）に比重が置かれたいわゆる量から質への「学力観」にシフトする、といった具合であ

i

る。このように、教育の根幹である「学力観」の変遷過程を振り返れば明らかなように、結局、「学力観」は質と量の間の往復を繰り返しているとみることができるのであるが、この事実も、先に述べたように、教育が国力を担う性格からすれば当然といえば当然なことであろう。

その結果、その時々の「学力観」が、教育の現場（授業環境など）にも影響をもたらすことになるわけであり、第一線に立つ教員にとっては、戸惑いも大いに予想される。では、そういった教育界においては、どのような姿勢で教育に当たるべきか、教育に対する根本的な姿勢を考えてみたい。これから教育界を目指す諸君にとっては、普段からどういったことを心掛けて準備を進めていったらよいか、その参考にしてもらえばと思う。

大きな流れの中で見れば、学力観は社会の変遷とともに揺れており、その揺れに合わせた指導姿勢も必要であろう。しかし教育の根本は、上述の学力観でいえば、どちらかに偏る学力というものではなく、量と質が融合した形の力、つまり「学ぶ喜びや必要性」「生きる喜びや必要性」を各児童・生徒に気づかせてやれる指導力なり人間性ではないだろうか。

こういった影響力を与えることができるか否かは、結局は、教員自身の生き方に関わってくるものである。教職志望の学生の多くが、その志望動機に"教師に影響を受けて"を挙げるのをみても、そういった教師が彼らの「学ぶ」「生きる」喜びや力を引き出してくれる役割を果してくれたことがうかがえるのである。

児童・生徒に影響を与えられる存在であるためには、平素から真摯に生活に取り組む姿勢、具体的には、人間観や教育観を模索し続ける姿勢が大切である。そして、その姿勢は自分の生き方にも影響し、結果として、表面は揺れている教育界にあっても、自分が関わる現場では、教育の根本に沿った指導や影響力を与えることができるものなのである。

21世紀に生きていく児童・生徒を指導する立場にある諸君には、この基本的姿勢を崩すことなく指導に当たってもらいたいと切に望む次第である。このような著者の意向をくんでこのテキストで学んで頂ければ幸いである。

最後に、本書の出版にあたり、快く執筆を引き受けてくださった方々、本書の各章を担当された先生方、さらにコラムの執筆にご協力頂いた先生方、とりわけ中学・高等学校の現場からのリポートに協力してくださった先生方など、皆様にお礼を申し上げたい。また本書の完成までに、長い年月を経たにも関わらず、原稿の不備な箇所や校正の細かい点にまで検討を加えてくださった八千代出版社の森口恵美子・深浦美代子の各氏をはじめ編集部の方々に、感謝を申し上げる次第である。

2005年8月吉日

編著者　土屋　明夫

目　　次

まえがき

第1章　発達（発達と教育） ―――――――――――――――――――― 1

1　人の発達をどう捉えたらよいか ――――――――――――――――― 2
(1) 発達の定義　2　　(2) "発達"を捉える視点　2　　(3) 加齢＝老化は絶望的な状況か　4

2　発達の特徴・法則 ――――――――――――――――――――――― 7
(1) 発達の連続性　8　　(2) 発達の異速性（波動性）　8　　(3) 発達の方向性　8　　(4) 発達の順序性　9　　(5) 発達は分化と統合の過程である　10　　(6) 発達には個人差が認められる　10　　(7) 発達は遺伝（素質）と環境との相互作用の結果である　10

3　遺伝と環境（人、社会、文化との関わりの中での発達） ―――― 11
(1) 人の特殊性とは　11　　(2) 離巣性、留巣性、第二次留巣性　12　　(3) 生理的早産（人の可塑性）　13

4　遺伝と環境（発達に関する理論） ―――――――――――――― 14
(1) 成熟・学習・レディネス　14　　(2) 発達に関する理論　15

5　各発達段階の特徴と発達課題 ――――――――――――――――― 25
(1) 発達段階の区分基準　26　　(2) 各発達段階の特徴（発達心理学の観点から）　27　　(3) 発達課題とは　38

第2章　学　　習 ――――――――――――――――――――――――― 49

1　学習意欲の基礎 ――――――――――――――――――――――― 50
(1) 動機づけの概念　50　　(2) 外発的動機づけと内発的動機づけ　51　　(3) 原因帰属　57　　(4) 学習目標と学習行動　63

2　学習成立の基盤 ――――――――――――――――――――――― 65

(1) 古典的条件づけ 65　　(2) 道具的条件づけ 70　　(3) 観察学習 75　　(4) 認知学習 78　　(5) さまざまな学習観 79
　3　学習指導法―――――――――――――――――――――――――――83
　　　　(1) 発見学習 83　　(2) 受容学習 84　　(3) 適性処遇交互作用 85　　(4) 自己学習力とその育成 86

第3章　学級集団―――――――――――――――――――――――――91
　1　学級集団の特徴と機能――――――――――――――――――――――92
　　　　(1) 学級集団の特徴 92　　(2) 集団の影響 94　　(3) 学級集団の機能 97
　2　学級集団の構造――――――――――――――――――――――――――99
　　　　(1) 学級集団の構造上の特徴 99　　(2) 学級集団の形成過程 99　　(3) 集団の構造の測定 100　　(4) 学級集団の構造の類型 101
　3　学級集団の仲間関係――――――――――――――――――――――――102
　　　　(1) 友人選択の規定因と発達的変化 102　　(2) 仲間集団の発達 104　　(3) 青年期の友人関係の諸相 107　　(4) 友人関係と適応 109
　4　教師と児童・生徒の関係――――――――――――――――――――――110
　　　　(1) 教師のリーダーシップ 110　　(2) 教師の勢力資源 112　　(3) 教師による児童・生徒の認知 114
　5　学級集団の理解―――――――――――――――――――――――――117
　　　　(1) 学級生活についての満足感の把握 117　　(2) 学級風土・学級文化 121
　6　小集団学習と習熟度別クラス編成―――――――――――――――――122
　　　　(1) 小集団学習の特徴 122　　(2) バズ学習 123　　(3) 小集団学習の編成 125　　(4) 習熟度別クラス編成 125

第4章　検査と評価（生徒を知ることと評価すること）――――――――129
　1　生徒を知ることの大切さ――――――――――――――――――――――130
　2　生徒を知るための方法―――――――――――――――――――――――131

　　　　　(1) 面接・面談をする（面接法） 131 　(2) 観察をする（観察法）
　　　　　131 　(3) 作文や論述を書く（自由記述法） 132 　(4) アンケート
　　　　　をとる（調査法） 132 　(5) 学力試験をする 132 　(6) 心理学
　　　　　に裏づけされた検査をする（心理テスト法） 134 　(7) チェックリス
　　　　　トを作成する 136
3　学習の成果を評価する─────────────────────137
　　　　　(1) 教育評価の目的と機能 137 　(2) 教育評価の範囲 138
4　どのように評価をするのか───────────────────139
　　　　　(1) 評価は誰がする 139 　(2) 学習プロセスに応じた3段階の評
　　　　　価 140 　(3) 教育評価の基準 142 　(4) 質的内容の評価 146
5　教師に必要な基礎的な統計手法──────────────────146
　　　　　(1) よく使う数値 146 　(2) 個人差の大きさ（分布の拡がりの統
　　　　　計） 147 　(3) 個人の分布上の位置 150

　人名索引 155
　事項索引 157

第 1 章

発達（発達と教育）

●本章のねらい

　児童や生徒の指導、子どもの養育、また職場での人間関係、さらには、自分自身の生き方にしろ、われわれが社会生活を営んでいく上で大切なことは、深い人間理解の上に立って、人間関係を結ぶことができるかどうかということである。そのためには、まず、"人間とはどういった存在であるか"を学び、人間に対する理解を深めなければならない。そこで、この章では"人間の発達"を通して人の理解を深め、それを、教育現場に、またはそれぞれの生き方に生かしてもらうことを目的とする。

1 人の発達をどう捉えたらよいか

人の発達を理解する上において、まず、We are mortal.（人は死を免れない存在である）という厳然たる事実の認識からスタートすべきであろう。つまり、人は、この世に生を享けた時点から、死に至る時点までの限りある時間しか生きられないという事実である。

(1) 発達の定義

さて、この世に生を享けた人間は、死を迎えるまでの限られた時間をどのように生きていくか、その歩みの過程を"発達"というのである。もう少し具体的に"発達"を定義してみると、「個体が発生した後、時間の経過に伴って、心身の機能が変化していく過程」つまり「受精卵として母胎内に発生した個体が、約40週の胎児期後に誕生し、乳児期・幼児期・児童期・青年期を経て成人に達し、やがて老衰して死に至る人の一生涯に現れてくる全ての心身の変化の過程」といえる。

ところで、この"発達"の定義は、一生涯の経緯をあるがままに捉えた視点からのものである。しかし、また一方では、「生体が発育して完全な形態に近づくこと、また、進歩してよりすぐれた段階に向かうこと、規模が大きくなること（広辞苑）」といったように、一生涯の中でも、成長・発達が目覚ましい前半部（上昇・発展段階）に焦点を当てた捉え方もある。

では、どちらの定義に沿って発達を考えたらよいかということになるが、それは、発達の視点をどこに置くかということに関わってくる問題となる。

(2) "発達"を捉える視点

発達の定義には、"一生涯をあるがままに捉えた見方"と"上昇・発展段階にある生涯の前半部に焦点を当てた捉え方"の2つの捉え方があることをみた。どちらの見方が一般的かとなると、例えば、私の受講生の発達観に対

する反応としては、"それまでできなかったことが可能になる、進歩する、大きくなる、強くなる"が大多数であるように、"上昇・発展段階にある生涯の前半部に焦点を当てた捉え方"となろう。そこで、もう一方の捉え方である"一生涯を見通しての発達観"との視点の差について考えてみることにしたい。

　この"発達に対する2つの視点の差"をどう理解するかであるが、それには、まず、時代的背景を考慮する必要がある。現在でこそ人の平均寿命は男女とも80歳前後に延びているが、つい最近まで人生は50年前後であった。人生50年の時代では、人生も第一線を引退するや間もなく死を迎えることになるのであり、どうしても、人の発達への視点や研究は、心身の両面で、大人の標準に近づく前半に関心が集まり、後半への関心は弱くネガティブな(暗い)イメージになってしまいがちであった。このような状況下では、発達観も"あるがままに捉える"よりは"進歩、発展して完全な状態に近づくこと、すぐれた段階に達すること"といったように、いろいろな面での完成度に比重が置かれるようになった。このことは、当時の発達研究の中心が健常な児童であり"言葉や思考の発達はこれこれのレベルであるべきだ"といった具合に、目標や価値を踏まえた発達観が強かったことからもうかがえる。こういった状況を考慮すれば、この見方は、発達を外側（第三者的立場、目標に照らした立場）から捉えたものといえよう。

　ところが、平均寿命が80歳台に延び、高齢者人口が増え続けている今日では、それまではあまり関心が向けられなかった生涯の後半部、つまり成人期から老年期（高齢期）が大きくクローズアップされるようになってきたのである。こちらに視点が移ることによって、これまでは手薄な状況にあった成人・老年期の研究も進展し、その結果、これまでの研究成果に対する修正や新たな発見がなされるようになってきた。一例を挙げるならば、これまではともすれば、消極的な存在と見なされてきた乳児期や老年期が積極的、有能な存在であることなどが明らかにされつつある。こういった背景のもとに、今日の発達観は、誕生から死に至る発達過程を、あるがままに捉えようとす

る発達観、つまり"生涯発達観"の捉え方が重視されるようになってきている。この生涯発達観は、視点を内側に据えることで、(生涯にわたる) 発達的変化をあるがままに理解し、一生涯におけるそれぞれの発達段階の意味を理解しようとする捉え方である。

　人の発達を考えた場合、2つの側面、つまり社会に適応できるようになる過程（社会化の過程）および、各個人の個性が発揮できるようになる過程（個人化の過程）があること考慮すれば、この両面からの捉え方が必然的となる。すなわち"社会化の過程"からみた場合は、その時代における社会の側の要請（能率主義など）や期待が、人の発達を考える際の基準に据えられることになり、外に視点を置いた見方（第三者的立場）が優勢となろう。それに対し、"個人化の過程"からみた場合は、その個人にしろ、人間自身にしろ、その個人や人間が本来持っている姿や特徴を理解しようとする見方、つまりは内側に視点を据えた発達観が必要となろう。

　このようにみてくると、教育者を目指す諸君にとっては、どちらかに偏った見方ではなく、状況に応じて、柔軟に視点を変えられるかが問われることになる。そのためには、普段から、あるべき人間の姿とはどんなものか（人間観）や、あるべき教育の方法はどうすればよいか（教育観）について、自分の考え方に磨きをかけておくことが必要とされるのである。

(3)　加齢＝老化は絶望的な状況か

　先に、生涯発達観では、以前と比較し、中高齢期への発達観が大きく変化してきていることを述べた。今日わが国では65歳以上の人が全人口の約20％（総務省、2004年10月1日現在）を占めるようになってきているが、中・高齢期の研究が進むにつれて、中高年の有能さや中高年の生涯における意義に光が当てられ始めている。

　そこで、そのようなケースを1、2挙げてみることで、その事実を確認しておきたい。

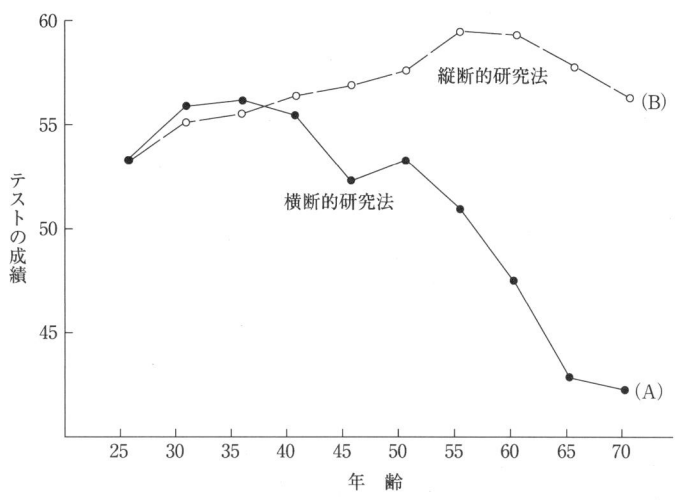

図1-1 横断的研究法と縦断的研究法との比較
出所）Schaie and Strother, 1968

1）知能の発達曲線

　加齢とともに知能も衰えをみせてくるというのが一般的イメージであり、高齢化に伴う身体的機能の衰えとあわせて、人生の後半部に陰りを感じずにはいられなかった大きな原因の一つではなかったろうか。

　ところが、これまでの（中・高齢段階の）研究成果に対する見直しの結果、知能は単純には衰えないことが判明した。それを示す結果が図1-1である。従来の研究結果は、横断的研究法でなされたもの（図中（A））であり、修正されたものは、縦断的研究法でなされたもの（図中（B））である。ここで、研究法の違いを説明しておくと、横断的研究法（cross-sectional）は、いくつかの年齢集団をある時点で同時に調査し、各年齢での平均を比較する方法であり、縦断的研究法（longitudinal）は、基本的には、同一の被験者に対し追跡調査を実施する方法である。結局、サンプリング方法の違いということになるが、従来実施された横断的研究法では、調査対象である年齢別集団間の諸状況（教育歴など）の均等性が無視されたものとなっており、その点を縦断

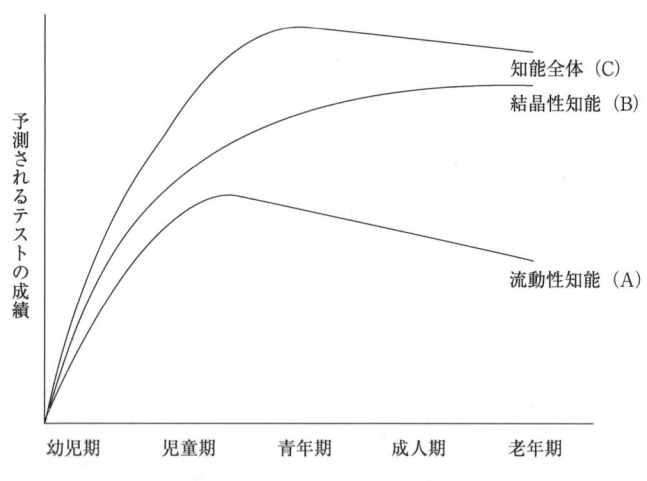

図 1-2　流動性知能と結晶性知能の発達的変化のモデル
出所）高橋・波多野、1990

的研究法は修正したものとなっている。その結果、従来の結果にみられるように、中年期の後半からは釣瓶落としのごとく急速に衰えていくといった傾向は認められず、むしろ上昇を続けていくことが確認されたのである。特に、教育や経験の効果が影響するとみられる言語や数に関する能力の面で、その傾向が顕著であることも報告されている。

　知能全般の発達過程は、生涯にわたり進歩し続けることをみたが、さまざまな能力の総体である知能の、どの側面の能力が上昇を続け、どの能力が衰えやすいのだろうか。そこに注目した研究結果が図 1-2 に示されている。この研究では、知能テストの問題内容別にその発達過程が検討されたのであるが、結果は、比較的早い時期に頂点に達し、その後は徐々に低下していく能力 (A) と、中・高齢期に至るまで発達し続ける能力 (B) の 2 グループに分類された。(A) は"流動性知能"と呼ばれ、図形弁別や図形構成などによって測定される能力であり、比較的環境の影響に左右されにくい能力であった。一方 (B) は、"結晶性知能"と呼ばれ、言語能力や社会的知識（常識）に代表されるような、経験に基づく知識によるところが大きい能力であった。

2）人格の成熟

　人は歳を経るにつれて"角が取れる"とはよく言われることである。人格（人）が円熟の境に達して穏やかになることである。その辺の心理的変化を、新聞への投書欄から2、3拾ってみることにする。まず、ある50歳台の主婦は、体力・気力の衰えは感じながらも"人や世の中がよくみえるようになり、その結果、もう若い頃のように突っ張ることもなく、ありのままの自分が出せ、今ほど私自身でありえたことはない"と述べ、そういう意味で"年を取るのはすばらしい"と思えるようになり、"この先も、そんなに嘆くことばかりでもないようだ"と結んでいる。

　また、92歳のYさんは、"好きな勉強ができ、こころのシワが伸ばせる"と言い、"いつも喜ぶ、絶えず祈る、全てに感謝"を生活の信条としているとのことであるが、自分の生活の足元をしっかりと踏まえ、今生きていることに感謝する姿勢、つまり、自分の生活状況をあるがままに受け入れる人格像がよく理解される。晩年におけるこのような人格象からは、身体的な足・腰が衰えをみせても、心理面での足・腰は頑強さを増し、迫りくる死さえも受容する準備が、一歩一歩できつつある様子がうかがえるのである。

　このようにみてくると、これまでの中高年期の衰退・喪失イメージも、ただ一方的で単線的な過程でなく、かえって加齢につれて新たに獲得・増大するものも多いのであり、まさに人は生涯にわたって発達することが理解できるのである。

2　発達の特徴・法則

　人の発達は非常に複雑な過程であるが、決して無秩序なものでなく、そこには一定の法則性が認められるのである。そこで、人の発達がどのような法則に基づいてなされているのかをみることにする。

(1) 発達の連続性

人の発達は連続的・継続的な変化の過程である。その変化はそれぞれの段階で独立しているものでなく、その前後は相互に関連し、連続する過程である。例えば、性的成熟の側面に焦点を当ててみても、青年期の段階で顕在化はするけれども、それ以前の段階から徐々に準備は進められているのである。

(2) 発達の異速性（波動性）

発達は連続的・継続的ではありながら、ある時期には加速的で、またある段階では緩慢といった具合にその変化の様子は一様ではない。身体、運動、知性、情緒、社会性など、どの面においてもそのような発達の遅速性が認められるのである。その一例として、スキャモン（Scammon, R. E.）による身体の発達曲線を参考にしてみたい（図1-3）。

(3) 発達の方向性

発達の速度には個人差や個々の特性があるが、発達の進行過程には、共通の方向性が認められる。基本的には、i）頭部から尾部への方向と（頭部－尾

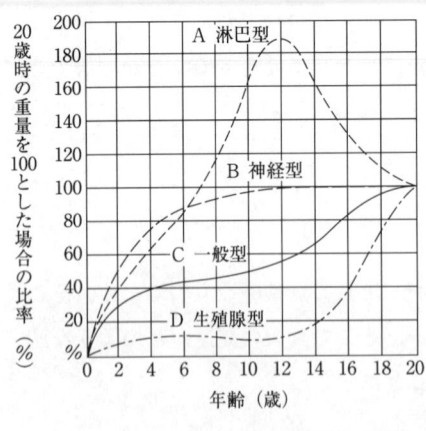

図1-3　スキャモンの発達曲線

出所）Scammon, 1930

部勾配)、ii) 身体の中心部から末端部への方向（中心部−周辺部勾配）という2つの方向性がある。一例として、大脳の一部分である目・耳などの感覚器官は、誕生時には、すでに完成し機能しているのに比べ、足の機能、つまり二足歩行が可能となるまでには、生後約1年間も必要とされるのである。また、手の働き特に末端部の指使いをみても、さまざまな状況に対処できる微妙な指使いが可能となるためには、多少の時間を要するのである。

(4) 発達の順序性

発達は無秩序なものでなく、一定の順序・序列に沿った過程である。例えば、二足歩行過程は、図1-4にみられるような順序を経て完成するし、言葉の発達では、喃語（乳児の言葉以前の発声）⇒一語文（ワンワンなど）⇒二語文（ワンワン来たなど）⇒やがて重文・複文などのより複雑な言葉づかい（コミュニケーション）が可能になる、といった具合である。発達の順序性は、時期的規則性をともなって現れてくるので、標準的傾向をベースにして「乳幼児発

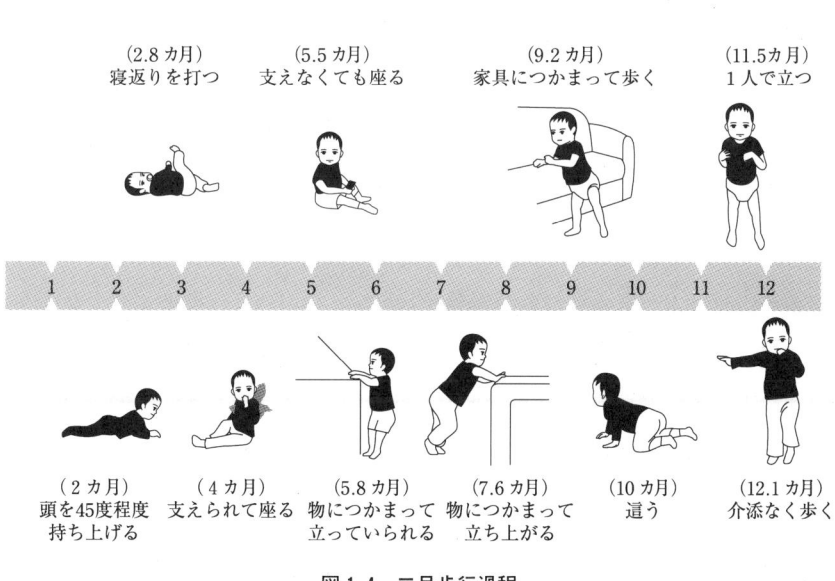

図1-4 二足歩行過程

出所）Gerring and Zimbardo, 2002

達検査」などの作成も可能となり、現にさまざまな検査が作成され、利用もされている。

(5) 発達は分化と統合の過程である

　人は未熟な状態で生まれてくる。例えば、赤ちゃんに物（お菓子など）を差し出すと、手だけでなく、顔や足なども反応するといった具合に、身体全体で反応（団塊的行動）する。しかし、時間が経つにつれて、全身的反応は消失し、片手の指だけで的確に対処することが可能になってくる。このように、加齢（aging）とともに、それぞれの機能が独自に働くようになる過程を"分化（differentiation）"という。さらに、発達は分化が進むだけではない。分化した機能は、また同時に必要に応じて、協力し合って機能することが可能となる。この過程を"統合（integration）"というのである。このように、発達は、一方ではそれぞれの機能が分化を遂げるとともに、他方では、分化した機能が必要に応じて適宜に協働できるようになっていく過程といえるのである。

(6) 発達には個人差が認められる

　発達にはいくつかの基本的原則が挙げられるが、これは全ての個人に同一に現れるものではない。その意味で、一人ひとりの人間は、すべて独自の発達をしているといえるのである。子育て中の母親が、自分の子どもの体重・身長や歩行状況、あるいは言葉の発達状況などにおいて、標準より上か下かで一喜一憂している場面も多く見受けられるが、これはあくまでも参考資料とし、その子の個性を見つける機会とするような度量の広さが求められる。

(7) 発達は遺伝（素質）と環境との相互作用の結果である

　発達を規定する原理は何であろうか。そこには遺伝（成熟）と環境（学習）の2要因が働いていることは、だれもが承知の事実である。だが、この2要因がどのように関わり合いながら、発達を規定しているのかとなると、難し

い問題となる。遺伝要因か環境要因のどちらかをより重視する考え方もあるが、今日の考え方は、この2要因は時間的経過の中で相互に影響し合いながら、規定し合っているという"相互作用説"が一般的となっている。

しかし、発達における遺伝と環境の影響性をどうみるかについては、さまざまな考え方（発達観）があり、これについては、次節で考えてみることにする。

3 遺伝と環境（人、社会、文化との関わりの中での発達）

人の発達を規定する遺伝（成熟）と環境（学習）との関係を考える場合に、"人間は一体どのような存在であるのか"について理解を深めておくことが大切である。そこで、スイスの生物学者であるポルトマン（Portmann, A.）の考えを参考にしながら、人間の特殊性および人の発達における人間と環境（社会・文化）との関わり方を理解しておきたい。

(1) 人の特殊性とは

人の場合、新生児（生後約1カ月間までの乳児）の時点でも、すでに目や耳は十分に機能している。ある研究によれば、胎児の段階でも、すでに耳の働きは始まっており、自分と一体の関係にある母親の声は他と区別して聞き分けられるという。つまり、大脳の一部分である目や耳が早い段階から機能しているということは、それだけ他の機能に比べて、大脳の発達が早い段階から始まっているということである。このように、生まれた時点から目や耳などの感覚器官は働いているのであり、周りの環境を積極的に取り入れ、学習が進行しているのである。

ところが一方で、人間としての基本的な機能である二足歩行（移動機能）に目を向けてみると、出産後さらに約1年間の経過を待たなければ機能しないのである。このように人間の場合、生まれた時点で周りの状況に適応できるまでに仕上がっている側面と、二足歩行や言葉などのように、生後に持ち

越される側面のギャップが大きいのである。

　このような特殊性の故に、人の場合、一人前の人間となるまでに時間を要するのみならず、周りからのサポートが必要不可欠であり、さらに、そのサポートのあり方が重要な意味を持つことになるのである。

(2)　離巣性、留巣性、第二次留巣性

　ここで、このギャップの大きさが他の動物と比べた場合、どれほど特異的なものであるかを、ポルトマンの考えを参考にしながら考えてみたい。ポルトマンは、動物の新生児について、環境における適応機能の完成度を目安に整理してみると、2タイプに分類できるとした。その一つは"離巣性"タイプと名付けられたが、一般に大脳が発達した高等動物に認められるタイプで、その特徴としては、妊娠期間が相対的に長く、出産時の子どもの数は少ない（基本的には一個体）ことであった。そのために、個体は成熟した（仕上がった）状態で出産を迎え、出産後の基本的な生活も独力で可能な状態、すなわち自力で"巣を離れられる状態"であった。サル、身近なところでは、馬、牛や山羊などをイメージすればよい。生後数時間もすれば立ち上がり、自ら母親の乳房を求める姿が目に浮かぶだろう。

　それに比べ他方は"留巣性"タイプと名付けられたが、下等動物にみられるタイプであり、その特徴は、妊娠期間が短く、多産な傾向が認められるとした。その結果、生まれた時点では未熟な状態で、ネコやネズミなどを見ればわかるように、目も開かず、自力移動もできず、体毛も生え揃っていない状態であり、独り立ちできるまでには出産後もしばらく時間を要し（巣に留まらざるをえない状態）、その間は親に面倒をみてもらう必要がある。

　さて、この2タイプを基準にしてみた場合、人間はどのタイプといえるのだろうか。先に、人の場合は成熟した部分（目・耳などの感覚器官など）と未熟な部分（二足歩行や言語機能など）のギャップが大きいことをみてきたが、最も高等と自他ともに認める人間は、本来なら典型的な離巣性タイプであるはずなのであるが、実態は、未熟な部分も残っており、かといって典型的な留巣

性タイプともいえず、結局は、この2つの中間のタイプという位置付けで、ポルトマンは"第二次留巣性"タイプとしたのである。なぜ、このような中途半端な特徴を備えた存在になったかについては、人の場合、大脳の発達が著しいことが挙げられている。人の胎児期間10カ月前後は長い部類に入るが、それでもこの期間内には大脳の形成に比重がかかり、他の機能を形成する前の段階で生み出されている状態なのである。

(3) 生理的早産（人の可塑性）

では、人間の場合、仮に典型的な離巣性タイプとした場合、どのくらいの胎児期間であればよいかを推定してみると、約2年間ということになる。つまり、現在の1年弱の胎児期と約1年間の乳児期をあわせた2年間というわけであるが、現実的には母体が持ちこたえられず、その限界が現在の10カ月前後の胎児期間に落ち着いた、とするのである。この仮説に基づけば、人は約1年間早く生まれてきていることになるわけであり、ポルトマンは、人は「生理的早産」といえるとしている。

このようにみてくると、人間の場合、大脳の著しい発達およびそれにともなう生理的早産の傾向性ということは、生まれた時点では大変"ひ弱な"状況に置かれているということである。しかし、この"ひ弱さ"の意味するところは、単純にひ弱いという意味ではない。身体的自立（二足歩行など）については1年近くも待たざるをえず、この点では、親からの援助がなければ生命の維持さえも危ない存在であるが、一方では、すでに周りの環境を吸収する感覚器官などは機能し、誕生直後から人間として生きていくために必要な道具（言葉や思考など）を獲得すべく、積極的に活動しているのである。

結局、人のひ弱さは、他の動物に比べればはるかに適応性の幅が広く、いろいろな変化の可能性を秘めた"ひ弱さ"といえるのである。われわれの潜在的な能力は、それ独自で働くというよりは、周りの環境（人間関係、社会、文化など）により誘起されることを通していろいろな可能性を顕在化させていくのである。

人間の場合は、人・社会・文化といった環境に影響を受け、社会生活が可能となる一方で、単に社会や文化に育てられるだけの存在にはとどまらず、新たな社会や文化をこちらからも作り上げていく存在でもあるということである。このように、人の発達は、人と環境との間の大変ダイナミックな関係を背景にした過程であることを、まずは、しっかりと頭に入れておいてもらいたい。

4　遺伝と環境（発達に関する理論）

(1) 成熟・学習・レディネス

　では、"人の特殊性"および"人の社会的存在の意味"を頭に置きながら、話題を本題に戻し、人の発達を規定する遺伝と環境の関わり方（発達に関する理論）について考えてみたい。

　先に、人の発達は、人（遺伝）と環境（社会、文化など）のダイナミックな関わり合いであることをみてきたが、もう少し具体的に発達現象を分析してみると、個人が持っている力（内的要因：素質的要因・遺伝的要因）と、環境からの働きかけの力（外的要因：環境的要因）の2つの要因（力）が影響し合っていることがわかる。前者を成熟 (maturation) による発達、後者を学習 (learning) による発達と捉えることもできる。つまり、"成熟"は、環境（経験）の影響にそれほど左右されることなく、それよりも個体の属する種の発達方向、順序、顕現の時期などに規定されて変化（発達）する側面を指し、一方"学習"は、経験（環境）の影響を受けることにより、比較的永続的な行動の変化がもたらされる発達の側面をいうのである。

　さらに、成熟と学習の関係を考えた場合、効果的な学習がなされるためには、学習者の心身が一定の発達状況に達していること（成熟していること）が必要であるが、このような学習成立のための準備状態を"レディネス (readiness)"と呼んでいる。

(2) 発達に関する理論

　発達に関する理論としては、発達の規定要因である遺伝（成熟）と環境（学習）との関係（影響）性をどのように考えるかということであるが、まずは、生得説（成熟優位説）からみることにする。

1）生得説（成熟優位説）

　"カエルの子はカエル"とか"瓜の蔓に茄子はならぬ"といわれるように、遺伝的要因（生得的要因）を重視する考えである。この説を唱えた代表的な心理学者としては、アメリカのゲゼル（Gesell, A.L.）が挙げられる。彼は一卵性双生児（素質の等質性が保証されている）を被験者として、階段上り、ボタン掛け、積木など各種の技能の習得に関する実験（双生児統制法）を実施し、その結果を踏まえてこの説を提起している。

　実験例として、階段上りのケースを取り上げてみると、一卵性双生児の一方（T君）には、生後46週目になった時点で、数段からなる階段を毎日一定の時間をかけて、6週間にわたり上る訓練（学習）をさせた。その間、他方（C君）には訓練をさせないでおいた。6週間の訓練後（生後51週目）に、訓練済みのT君と訓練を受けなかったC君の間で、訓練に使用した階段をどのくらいの速さ（時間：秒）で上るかを比較したところ、C君はT君の2倍近くを要する結果となった。今度は、これまで未訓練のC君に対し、生後52週目にあたる時期から2週間にわたり、かつてT君が受けたときと同一の条件下での訓練（学習）を与え、T君は訓練を休ませた。2週間後にこの2人の階段上りの成果を比較してみると、C君の場合、訓練期間としてはT君（6週間）の1/3（2週間）だったにも関わらず、ほとんど差がない結果となっていたのである。

　ゲゼルは、こういった結果を踏まえて、人の発達を次のように解釈したのである。つまり、確かに学習（訓練）の効果は認められたものの、C君の場合、T君の1/3の練習期間にも関わらず追い付いてしまった理由は、訓練（学習）時のタイミングにあったと考えたのである。T君の場合は生後46週

目からの訓練であり、C君の場合は52週目からであった。結局、この訓練（学習）の効果という点でみると、46週目の段階より52週目の段階の方が、外からの影響をより吸収、消化し、その機能を効果的に開花させることができるような個体サイドの準備状態（成熟状態）が整っていた結果だ、としたのである。

　このように、ゲゼルの理論は、一定の成熟段階に達していないと学習の効果的な成果は望めないとするもので、成熟優位説といえる。

　ところで、すでに、レディネス（学習成立のための準備状態）については触れたが、ゲゼルの考えのレディネス観は、成熟優位のレディネス観ということになる。この理論から教育現場などを考えたとき、教育の環境づくりは、まず、子どものレディネス段階を十分に理解した上で整えるべきことを主張する。例えば、何歳程度ではどれぐらいのことが可能である、ということを考慮した上で、カリキュラムなどの教育整備をするべきだということになる。事実、この理論は養育や教育面での影響力が強かったのである。

　このように影響力を持った理論であるが、欠点や批判がなかったわけではない。一つは、成熟状況と学習状況の明確な区別は可能かという問題である。先の、階段上りの実験にしても、訓練を休む場合も、全く同種の環境にないといえるのか、その間にもいろいろな経験もするわけであるから、それらが影響しているとも考えられるのでは、とするものである。2点目としては、この成熟優位のレディネス観を前提にした教育場面を考えたとき、子どもの準備状況を見極めた上での（後手に回りやすい）教育環境づくりということになり、どうしても消極的な教育観、あるいは待つ教育となってしまいやすく、教育に発展性がみられないとするものである。

2）学習優位説（経験説）

　"氏より育ち""朱に交われば赤くなる""孟母三遷の教え"などにみられるように、発達における環境（経験・学習）要因を重視した考えである。この説の代表者の一人に、今日の心理学の発展に大きな貢献をしたワトソン（Watson, J. B.）（行動主義心理学の父と呼ばれる）がいる。彼は、発達をより低次

な行動から高次な行動への形成・変容過程と捉え、行動形成のメカニズムを刺激（環境）と個体の反応との連合の獲得に求めたのである。このように彼は極端な学習論者であったが、そのことを示す有名な言葉がある。「私に、健常な赤ん坊と、彼らを育てるに必要な環境さえ与えてくれるならば、その子どもたちを、どの道の専門家（医者、芸術家、実業家など。乞食、泥棒でさえも）にも育て上げてみせよう」というものであった。

また、環境説を考える際に、参考になるものとして、野生児のケースが挙げられる。例えば、1920年にインドで発見された、狼に育てられたと考えられる2少女"カマラ"（発見当時の年齢8歳くらい、17歳まで存命）と"アマラ"（発見当時3歳前後と推定、1年後に死亡）の記録によれば、2人の人間社会復帰後の発達状況は、言語や二足歩行といった人間としての基本的な機能習得の困難性、嗅覚の鋭敏さやかすかな物音への敏感さなどにみられるような感覚の異常性、また腐敗肉の嗜好など、身体の構造面での異常は認められなかったにも関わらず、人間社会への適応能力を発揮できる状況には至らなかったことが報告されている。

こういった人間社会から遮断されたケースは特異なケースであろうが、それ故にこそ、ヒトが"（社会的）人間"としての発達を遂げられる否かには、いかに人間社会の環境が重要な役割をはたしているかが理解されよう。

最後に、身近なケースとして、音楽教育に大きな影響を与えた鈴木メソッドについて触れてみたい。創始者の鈴木鎮一は、どの子も繰り返すことで自然と言葉を習得することにヒントを得て、音楽教育（音感の育成、楽器演奏など）とて、よい音楽の世界に常に身を置き、より多くの訓練を積めば、自然に習得できるものだとし、多くの人々をして音楽の才能を開花させている。鈴木によれば"生まれつきの才能などありません。人の能力は環境が育てるのです"ということになる。

3）相互作用説

以上、「遺伝か環境か」の視点に立ち、どちらかの要因が"主"となり他方が"従"となって発達を規定している、とする発達理論をみてきたが、今

日では、極端な生得説や環境説をとる立場はほとんどみられなくなっている。それにかわって、現在では、遺伝（成熟）と環境（学習）の両要因は、時間的経過にともない、それぞれが変化しながらお互いが相互に影響し合って発達を規定する、とする「相互作用説」が一般的となっているのである。こちらは「遺伝も環境も」の視点に立つ発達論といえる。

そこで、その相互作用説の中からピアジェ（Piaget, J.）とヴィゴツキー（Vigotsky, L. S.）の理論を紹介する。

その前に、他の相互作用説についてもいくつか挙げておくことにしたい。

①輻輳説： ドイツの心理学者シュテルン（Stern, W.）によって唱えられた学説であり「発達は遺伝と環境の合力（統合）の結果である」とするものである。この説は"加算寄与説"ともいわれている。相互作用説を最初に理論化したものとされているが、その後のダイナミックな相互作用説に比べれば、時間的経過の要因などは考慮されておらず、静的な相互作用説といわれている。

②環境閾値説： アメリカの心理学者ジェンセン（Jensen, A. R.）による学説である。まず、"閾値"の意味を説明しておくと、"反応を引き起こすのに必要とされる最小（量）の刺激"のことである。そこで、この説は、「環境は遺伝的資質を開花させるための閾値として働くという関わり方で、相互に影響し合っている」とするのである。例えば、身長や顔立ちなどの身体的側面では、環境の閾値は低いレベルでも（環境の条件にそれほど左右されることなく）その素質は開花する（図1-5、特性A）。しかし、絶対音感や何語を習得するかなどは、いくら優れた素質を有して

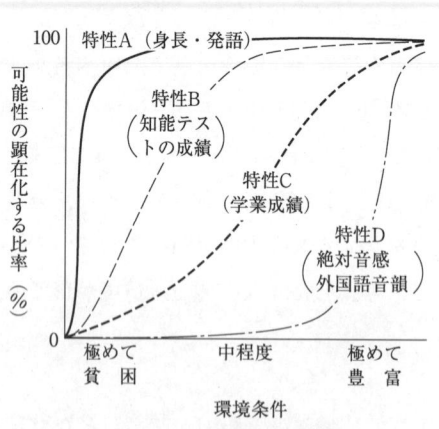

図1-5　ジェンセンの環境閾値説
出所）Jensen, 1968

も、環境の閾値が高く、どっぷりとその環境に浸らなければ正常な発達は難しいことになる（図1-5、特性D）。

以上、簡単に整理してみた（静的な）相互作用説に比べ、これから説明するピアジェとヴィゴツキーの発達観は、発達における遺伝要因と環境要因間でのより一層ダイナミックな関係に視点を据え、発達論を展開させたものである。

③ピアジェの発生的認識論：　この理論は、自分の3人の子どもの行動発達の長期的観察に基づいて構築されたものである。

人の精神発達は直線的ではなく、いくつかの段階があり、その段階ごとに特有な精神構造が発達するとした。この発達過程の背景にあるメカニズムを、「シェマ」「同化」「調節」などの概念を用いて説明している。

ピアジェによれば、子どもはすでに生誕直後から、外部からの働きかけがあると、自分がすでに所有している数少ない行動様式（シェマ：schema）を、その環境に積極的に適用（同化作用：assimilation）する。そして環境からのフ

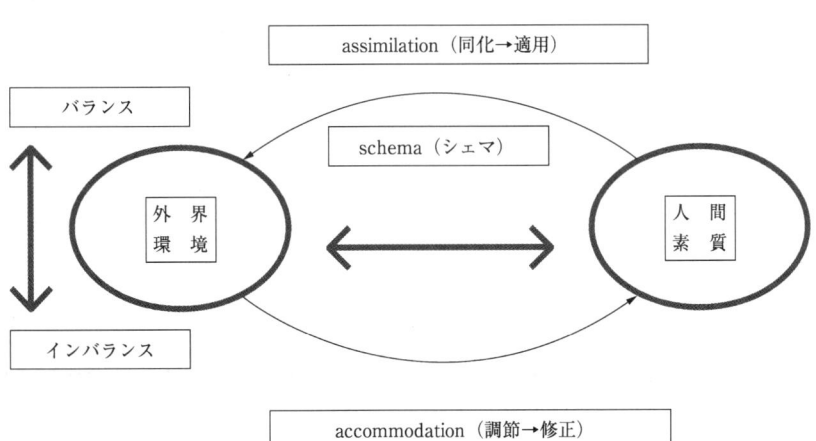

図1-6　ピアジェの発達観説明図

ィードバックを得て、その方法（やり方、シェマ）で環境にうまく適応できれば（バランスがとれていれば：balanced）、そのやり方を繰り返すことによってますます現在のやり方（シェマ）に磨きをかけることになるのである。しかし、その事態が自分の持っている現時点でのやり方（シェマ）では対処できないことがわかると（バランスが崩れると：imbalanced）、現在の方法（シェマ）を修正（調節作用：accommodation）して、より優れたもの、つまりその環境に適応可能なものにする（バランスの回復を図る：調節作用）、といった「均衡化」と呼ばれる学習活動を通して、次々と新たな知識や方法を獲得していく、発達とはこのような過程であると、説明するのである（図1-6）。

④ヴィゴツキーの認知発達説： 旧ソヴィエト連邦の心理学者ヴィゴツキーの学説である。彼は若くして亡くなった（享年38歳）が、言語や思考など人間の高次精神機能に関する実験的、論理的研究で大きな成果を上げた。彼の理論は、人間の精神発達において、いかに社会や歴史的要因が強い影響力を持っているかを指摘したものであるが、今日においても高い評価を得ており、その後の新たな心理学の理論の構築にも影響をおよぼしている。

では、彼の発達観をみることにしたい。まず、彼の基本的な考え方は、精神（認知）発達を文化獲得ないし文化的学習として捉えるところにある。つまり、人の高次精神機能（論理的思考、有意味的記憶、注意、意識など）は、文化の体現者である大人（社会人）との社会的相互交渉を通して発達していくという考えである。それ故に、この理論は「歴史的＝文化的発達理論」とも呼ばれている。

では、発達は文化的学習と捉える、彼の発達（観）のメカニズムとプロセスをみておくことにする。まず、発達に欠かせない2つの要素であるが、その一つは、「発達の原点（土台）」となり、発達の方向（質）を決定する"周りの環境：歴史─文化"であり、直接的には"接する人々や周りの世界"である。2つ目は、その周りの人々や外界に積極的に働きかけ、言葉や知識を獲得していく活動であり、「発達の原動力」となるものである。そして、この2つの要素間での社会的相互交渉過程を通して、"精神活動の内面化"が

行われる、とするものである。

　このメカニズムとプロセスについて、例えば、母子間の相互交渉過程に焦点を当ててみると、子どもは"母"との交渉を通して、言葉や対応の仕方などを獲得するが、次第にそこで学んだことは、単なる自分と母親間だけのものではなく、さらに頭の中でイメージとして描いた"一般的他者や自分自身"をも対象にしたレベルで、適用したり、考えたりできるようになる。このように、それまでは母親との間で機能していた精神活動であるが、次第に適用の対象も広まり、さらに自分独自の使い方もできるように、その精神機能は一層進化していくが、このプロセスを"内面化"というのである。"言語の獲得過程"といった具体的事例などを考えてみれば一層理解しやすいであろう。周りの人々との交渉を通して獲得した初期段階の言葉は、音声言語であり、主として他者とのコミュニケーションの道具として機能するもの（外言）であるが、次第に外言としての機能のみならず、思考の道具としての機能（内言）も有することができるようになり、自分自身のための内的言語が成立してくるのである。

　また、この（文化の体現者としての）大人との交渉を通じて獲得したものが、獲得の初期段階のレベル（先の言語獲得でいえば外言の段階）から、発達とともに内面化（言語獲得でいえば内言の段階）していくプロセスを、ヴィゴツキーは、"このように高次精神機能は発達の過程で2つの水準で現れる"とし、"初期段階すなわち周りの人々と関係する段階を社会的水準、内面化し自分独自のものとして機能する段階を心理的水準"としている。

　以上、彼の発達観を簡単に整理してみたが、こうしてみると結局、この理論は、"高次精神機能（認知など）の発達は、元来社会的なものであり、それが次第に個人的なものへと内面化していく過程である"ということからもわかるように、環境（文化）と個人との間の橋渡しとしての大人の役割の重要性、つまりは教育的活動の重要性ということが強調される考え方となっている。

　さらに、この教育の重要性を理解するためには、ヴィゴツキーが仮定する、

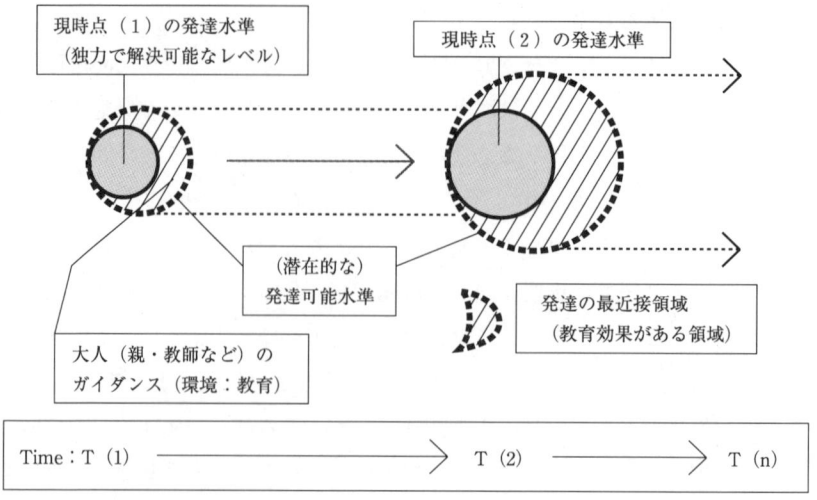

図1-7　発達の最近接領域

出所）田島、1997（一部改変）

子どもの知的発達に関する2水準を理解しておく必要がある。彼によれば、成熟と学習の相互依存関係を考えるとき、発達の水準を少なくとも2水準仮定しなければならないとしている。その一つは、問題解決場面において、他者の援助（指導）がなくとも独力で解決可能な水準（現時点での発達水準）であり、他の一つは、他者からの援助（指導）を受けることにより達成が可能になる水準（潜在的な発達可能水準）であるという。そして、この両水準に挟まれた領域を「発達の最近接領域」（図1-7）と呼ぶが、まさにこの領域こそ教育のターゲットとすべきところであるというのである。

最後に、この理論を、レディネス（学習への準備状態）の視点から考えてみると、結局、レディネスを現時点での水準にとどめておくべきではなく、潜在的な発達可能水準にまで引き上げておくべきことを重視しているわけであり、その意味では、先に成熟優位のレディネス観としてみてきたゲゼルの理論とは対照的に、学習優位の（形成的な）レディネス観となっている。また、このようなレディネス観の差は、教育観の差にも反映している。つまりゲゼ

ルの発達観では「待つ教育」の姿勢が強かったのに比べ、ヴィゴツキーの発達観からは「促す（育てる）教育」に力が注がれることになるのである。

　これまでは、発達に関する考え方として、成熟優位説、学習優位説、相互作用説のそれぞれについて代表的な理論をみてきたが、さらに、最近注目を集めているものから"レイヴ（Lave, J.）とウェンガー（Wenger, E.）の理論"と、また、生涯発達への影響要因を考えてみる際に参考になる"バルテスら（Baltes, P. B. et al.）の考え"を紹介しておきたい。

　⑤レイヴとウェンガーの理論：　この理論は、これまでの理論でみたような成熟と学習の関わり方を規定するレディネスの概念などを考慮するものではなく、他者や周囲の状況との相互関係の中で営まれる社会的実践そのものが学習であるとする考えである。つまり、人は、家庭、学校、職場などの環境（実践共同体という）への参加を通して、個人が共同体の営みに参加できるような行動を身に付けていくのである。具体的には、自分が身を置いた状況（実践共同体）から、その共同体の先達者（熟練者）を通してさまざまなことを学び、自分も共同体におけるさまざまな役割を担い行為（参加）することで、その共同体を維持することに貢献していく、こういった過程そのものを指すのである。彼らは、こういった参加の形式（仕方）を正統的周辺参加（legitimate peripheral participation：LPP）と呼んでいるが、このような他者とともに影響し合いながら参加することを通して、技能や知識の進化、周りの環境（外部環境）との関係の進化、個人（学習者）自身の自己理解（内部環境）の進化、つまりアイデンティティの確立が認められるとしている。

　この理論では、人の発達（学習）とは、知識や技能を個人が習得するといった個人の内面に焦点を当てるのではなく、発達（知）の総合的かつ協同的実践場面の過程そのものに焦点を当てているのである。

　この発達観（学習観）によれば、学習とは、単なる知識の詰め込みの場ではなく、現実の身近な生活環境を土台に置いた学びの場でなければならず、さらに、この学びの場では、一人ひとりがこの共同体の実践に参加し、お互いに影響し合いながら、自己の発展のみならず共同体の発展も実感できるよ

うな"学び合える場"でなければならないとなる。

　今日の学校を考えてみると、学びの場を単に学校内に限定し、学校のための教育といった観がないでもないが、学校にも学校外の文化を導入し、学校外の地域にも子どもたちが参加できる機会を与えるといった、多様な文化、地域、年齢層との交流の必要性が示唆されるのである。昨今、フリーターやニートの増加が話題にされているが、それこそ、彼らが唱えるところの正統的周辺参加（LPP）の機会が乏しい環境下で育った結果、とみることもできるのではないだろうか。

4）生涯発達の規定要因

　最後に、バルテスらの"生涯発達の規定要因"に関する考えを紹介しておくことにしたい。この説は、これまでの学説にみられたような発達のメカニズムやプロセスそのものの説明というよりは、生涯発達における影響要因について、より総括的な観点から整理したものである。

　バルテスらは、発達への影響要因を次の3つに分類している。

　①年齢に標準的な影響要因：　この要因は、生物学的、環境的なものを含めて、生活年齢と非常に密着した関係にあり、その年齢段階にあるほとんど全ての人が経験し、影響を受けるものである。例えば、生物学的要因としては、二足歩行や発声の開始、思春期の開始などを、また、環境要因としては、就学、就職、結婚、子育て、退職などの社会的年齢と関連深いものを頭に描いてみればよい。

　②時代に標準的な影響要因：　この要因は、その時点での時代的背景を指すが、人々が、自分が生きている時代的背景に影響を受け、発達に変化をきたす場合に作用しているものである。このような経験は、即時に、また時には生涯を通じて強い影響力を与えるのである。例えば、青春時代を敗戦時の食糧難の時代に過ごした世代と、同じ青春時代でも、現在のような飽食の時代を生きた世代では、人生観や生活様式などさまざまな点での違いが認められるのは当然である。

　③非標準的な生活体験の要因：　これまでの2要因は、年齢段階にしろ、

時代的背景にしろ、人々の発達に与える影響性は大なるものであった。しかし、この要因の場合は、多くの人に影響を与えるわけではない。例え同じ体験をしたとしても、体験した時期や様相が個人により大きく異なるため

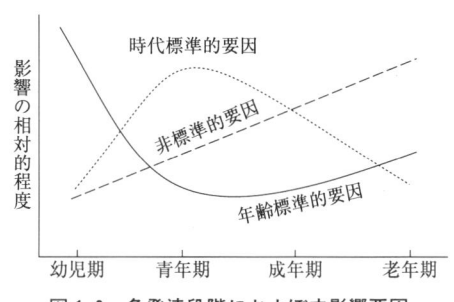

図1-8　各発達段階におよぼす影響要因
出所）Baltes, et al., 1980

に、その影響性はごく一部の人なり、個人的レベルとなる場合である。この例としては、受験の失敗、転居、転職、失業、離婚、病気、近親者の死など個人に関わる生活上の出来事を考えてみるとよい。

　さらに、バルテスらによれば、これら3要因はお互いに関連し合いながら発達に影響をおよぼしていくのであるが、その影響性は発達段階で違いがみられるという（図1-8）。図からも理解できるように、小さい乳幼児の段階では、生理的成熟面などの「年齢に標準的な影響要因」の影響性が大きく、また子どもから大人への節目の時期に当たる多感な青年期においては「時代に標準的な影響要因」が大きく影響し、個人差が大きい老年期においては「非標準的な生活体験の要因」の影響性が大きいことがわかる。

5　各発達段階の特徴と発達課題

　発達は連続的な過程であるが、その発達の流れにもいくつかの節目があり、その節目間で区切ったものが「発達段階」である。そして、各段階にはそれぞれ特有の身体的・心理的特徴や発達課題が認められる。では、人の生涯発達をみたとき、幾段階に区分され、各段階の特徴はどのようなものとなっているのであろうか。

(1) 発達段階の区分基準

発達段階は、段階を区切る区分基準によってさまざまな区分のされ方があ

表1-1 発達段階の区分

年齢	発達心理学	ピアジェ理論	文部科学省	厚生労働省	法務省
0；0	新生児期(〜生後4週間)	感覚―運動期 (0〜2歳)		乳児 (1歳未満)	少年 (満20歳に満たない者)
0；1					
0；6	乳児期(〜1歳半まで)				
1；0					
1；6	幼児期(〜就学まで)	前操作期 (2〜7歳)	幼児 (幼稚園)	幼児 (満1歳から小学校就学の始期)	
2；0					
3；0					
4；0					
5；0					
6；0	児童期(〜小学校修了まで)	具体的操作期 (7、8〜11歳)	児童 (小学校)	少年 (小学校就学の始期から満18歳まで)	
7；0					
8；0					
9；0					
10；0					
11；0					
12；0	青年期(〜就職や結婚など) (前期を思春期という)	形式的操作期 (11、12〜15歳)	生徒 中学校 高等学校		
13；0					
14；0					
15；0					
16；0					
17；0					
18；0					
19；0			学生 高等専門学校 短期大学 大学 大学院	〔18歳までを児童と呼ぶ〕	
20；0 ↓	成人期 (中年期)				成人 (満20歳以上の者)
30；0 ↓					
40；0 ↓					
50；0 ↓					
60；0 ↓	老年期				
70；0 ↓					

注）年齢のセミコロンは、何歳何カ月を表す。例えば、1；6は「1歳6カ月」と読む。
出所）子安、1992（一部修正）

る。一般的なものは、発達心理学的の視点から総括的に捉えた区分であるが、他にも、身体の発達を基準としたもの、言語や思考など特定の（精神）機能に焦点を合わせたもの、精神構造の変化（自我の発達過程など）に視点を据えたもの、さらには行政的な視点からのもの（文科省、厚労省、法務省などの段階区分）などいろいろある（表 1-1）。

(2) 各発達段階の特徴（発達心理学の観点から）

では、発達心理学的観点からの各発達段階の特徴をみていくことにしたい。

1）乳児期

受精後、母親の胎内での約 10 カ月間にわたる成長期間（胎児期）を経て誕生した赤ちゃん（新生児）の段階から、二足歩行や言葉の機能が可能になるまでの、およそ生後 1 歳半ぐらいまでの期間を指す。言い換えれば、"人間化（身体・運動的自立、言葉の使用など）"への準備段階、つまり"まだ半人前のヒト"の段階といえるだろう。

この段階は、他の動物と比較してみるとかなり特殊であり、人間に特有（特徴的）な段階とみることができる。この点については、すでに第 3 節での人の特殊性のところで述べたように、人の場合、その特殊性は大脳の発達の著しさに求められるものであった。その結果、ポルトマンによれば、人間は"生理的早産"であるとしたが、この時期の人間は、ひ弱い存在ではあるものの、一方では周りの環境からの刺激を受け入れ、いろいろな状況に対応できる可能性を秘めた存在である。このような状況にある乳児にとっては、この時期に外から与えられる環境のあり方が重要な意味を持ってくることになる。つまり初期経験の重要性ということである。

初期経験が重要な時期といっても、何でも与えれ（経験させれ）ばよいというわけではない。ではどんな環境がこの時期に必要とされるのかということになるが、その根本は、子どもの面倒をみる人（一般的には母親であろうが）の"養育姿勢"なのである。理由は、その養育姿勢が乳児に対する環境づくりに直接跳ね返り、乳児に影響をおよぼすからである。結局、育児方法のポイ

表 1-2 —各発達段階の特徴—

← 子 ど も →				⇔【青年期】⇒	大人
乳児期	幼児期		学童期（児童期）	青年期	壮年(成人)
	前 | 後		前 | 後	前 | 中 | 後	
			(小学校)	(中学)(高校)(大学)	(社会)
*初期経験の重要性	*身体的自立(離乳期)		《**通過儀礼(initiation)……………………⇒》		
*生理的早産	*「しつけ」の対象		*知的欲求	*思春期（第二次性徴）	*家庭生活 結婚
*愛着形成(attachment)	●親子の「綱引き」		*安定期		子育て等
*さまざまな反射行動	*第一反抗期(自我の芽生え)		(身体/抵抗力)	関心対象―外⇒内	*職業生活
	*平行遊び		*社会適応の技術の習得	(自分/他者意識)	職業選択
	⇒連合遊び/		(競争・協調 etc.)	*子ども卒業意識	経済的自立
	(象徴)ごっこ遊び		*言語能力の発達	*第二反抗期	*価値観
	*自己中心性（知覚・思考）		(話し+読み・書き)	*モラトリアム(moratorium)	(生き方)
	(相貌的知覚／童話)		(思考の道具として)	*現実と理想の葛藤、理性と衝動、劣等感と優越感の抗争	*自分 ↔ 他者(社会)
			*基本的知識・技能の獲得		
			*ギャング集団(徒党集団)	*青年期の延長化	
				*心理的離乳期 自己確立 Identityの確立 (↔ 拡散)	

感覚運動的段階（0～2歳）
　　前操作的段階（2～7・8歳）
　　　　具体的操作段階（7～12歳）
　　　　　　形式的操作段階（12歳～　）

〈第一個人化期〉			〈第一社会化期〉	〈第二個人化期〉	〈第二社会化期〉
*口唇期	*肛門期	*男根期	*潜伏期	*両性生殖器期〜	*親密性
*信頼感	*自律性	*自発性	*勤勉性(有能感)	*アイデンティティ	対 ⇒
対	対	対	対	対	孤立
不信感	恥・疑惑	罪悪感	劣等感(無力感)	アイデンティティ拡散	

⇒［壮年期］世代性 対 停滞性／［老年期］総合性 対 絶望

ントは何かということになるが、両者間に愛情が通った環境づくりのことであり、物理的にはいかに整った環境を与えたとしても、愛情を欠いた環境では、子どもは健全には育たないのである。では、親子間における愛情の絆の具体的な形は何かということになるが、それは、いかに乳児が持つ接触欲求

を満たす接し方（育て方）、つまり母乳で育てること（母の乳房と乳児の唇の接触の重要性）等も含め、母子間の身体接触（マザーリング：mothering）を通しての育児が大切かということである。このような育児環境の中で、子どもは自己への信頼、ひいては他者への信頼を育てることになり、円満な社会生活を営める人格形成につながっていくのである。子が母親を通して抱く愛情の絆を、ボウルビー（Bowlby, J.）は愛着（アタッチメント：attachment）と呼んでいる。

　また、この段階での認知機能（考えたり、判断したりする力）についてみると、新生児のときは生得的な反射活動が主体であるが、環境との関わりを通して、認知や行動の枠組み（シェマ）を獲得していく。このような段階を、ピアジェは、"感覚運動的段階"と呼んでいるが、まだこの段階では、見たり聞いたりした事物をイメージできる（表象）までにはなっていない、としている。しかし、最近の研究では、表象的思考、抽象的推論操作に基づいた事象の理解などが1歳以前にすでに存在する、とするものもある。つまり、目の前から消えた物のイメージ化、さらには2個程度の数の認識などが可能であるとしている。

2）幼児期

　約1歳半頃から小学校入学ぐらいまでの期間を指すが、この期間は長いので、1.5～3歳ぐらいまでの前期と3～6歳ぐらいまでの後期の2段階に区切ることが多い。幼稚園入園前と入園後の2段階としてイメージしてもよいだろう。

　この段階になると、歩行が可能になり、ようやく身体的レベルの独り立ちが完成する。さらに、走る、跳ぶなど、（運動）移動能力が飛躍的に拡大し、このことが幼児の世界を広げていくことになる。また、2歳頃から言葉が活発化してくる。「ブーブー」といった1語文からスタートし、「パパ、カイシャ」といった2語文へ、さらに、3語以上の文になって分節性ができてくると、言語表現力は急に高まってくる。このように、幼児期は話し言葉の基礎が形成される時期でもある。4～5歳ともなると、表現力も洗練され、要約した話も可能になるが、まだ現実と空想が混じることもある。5歳になると、

複文や重文も使い、大人ともスムーズに会話ができるようになる。語彙数の伸びも著しく、2歳までに200〜300語、3歳までに800〜1000語、4歳までに1500語、5歳では2000〜2400語と増加していく（村田、1968）。言葉の発達にともない、思考力もこの時期になると、心象（表象）を形成できるようになる。つまり、目の前から消えたものをイメージとして頭に浮かべることが可能になることであるが、その結果、葉っぱをお金に見立てるような遊び（象徴的遊び）が盛んとなる。さらに、概念化の思考力も進み、事物の分類や関連づけも可能になってくる。しかし、幼児期の段階では、まだそのような思考力も、自己中心性が強いために感情的、直感的で、一般性がないのが特徴となっている。このような特徴を持つ思考の発達段階をピアジェは「前操作的段階（2〜7歳）」と呼ぶ。

　幼児の"自己中心性"は随所にみることができる。発想や表現場面でも、自分の欲求や感情が直接出せるので、その意味では、自由に空想の世界に入り込めるわけであり、まさに童話の世界の心境になりえる段階といえる。

　ところで、幼児教育での要点の一つに「しつけ」の問題がある。幼児は自分の思うように行動できる天真爛漫な存在であるが、この頃になると、基本的な生活習慣を身に付けさせるべく、周りから「しつけ」という形の外圧が加わってくるようになる。このような状況下では、幼児は大なり小なり自分の欲求を通そうとして、大人とぶつかることになるが、これが「第一反抗期」である。大人からみれば扱いにくいこの現象も、子どもの側に立てば、自我の芽生えを示すものであり、それ故にこそ、しつけのあり方には配慮が要求される。最初からあまり厳しすぎず、さりとて甘やかしすぎずと、喩えていえば、バランスの取れた親子間の"綱引き"状態といえよう。次の一例を参考にこのバランス感覚を理解してもらいたい。幼児期になると「うそ」をつき始める。しかし、幼児のうそは、これまでみてきたように幼児の特徴を考慮すれば、大人のうそとは性格が大分異なっていることが理解されよう。つまり、言葉の覚え始めであり、自己中心性が強いこの時期では、幼児のうそは一種の言葉遊びであり、また自己主張の側面でもあり、また社会的ルー

COLUMN 1
しつけ（親一子関係）は綱引きの関係？

　幼児期でのしつけのポイントは、親子間での綱引きの関係であることを述べた。綱引きの関係とは、親の立場からの一方的な働きかけでもなく、当然ながら、子どもに合わせたものでもない、微妙なバランス感覚のことである。
　しつけの際には、親は基本的な理念（考え）を持ち、ビシビシと、といった場面も時と状況によっては必要な場合もあるが、そういった際にも、子の側（の諸状況）を無視した、親の一方的な押し付けではなく、子どもの発達段階やその子の性格、さらにはその時々の状況などを考慮しながら対処すべきであるということである。
　ここで、このバランスのあり方を考える上で参考になる、「しつけの最適水準領域」モデルを紹介しておきたい。まず親子関係（養育態度）の規定要因として、許容(自律)―統制、支持(愛情)―拒否の2軸を見いだしたのはサイモンズ（Symonds, P. M.）であるが、この2要因の組み合わせから、しつけの基本姿勢は、（Ⅰ）指導、（Ⅱ）規律、（Ⅲ）処罰、（Ⅳ）自主性尊重であることを見いだしている（図参照）。
　ところで、この基本姿勢が、親が意図したように子どもにも伝わるかどうかは、ここにバランス感覚が影響（関係）してくるというのである。つまり、限度を超えてしまうと、この基本姿勢も（Ⅰ）指導が→溺愛に、（Ⅱ）規律が→過保護に、（Ⅲ）処罰が→権威主義に、（Ⅳ）自主性尊重が→無視にといった具合に、子どもには、むしろ親の意に反した影響力を持ってしまうのであるが、この限界を超えないレベルを「最適水準領域」というのである。

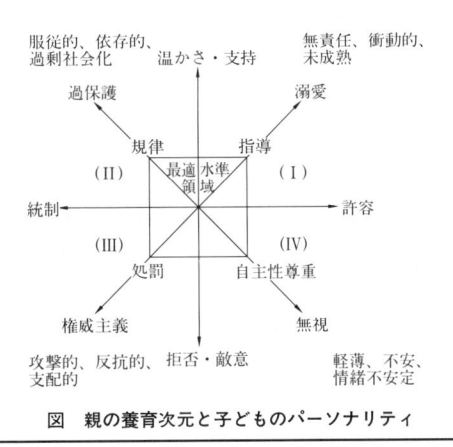

図　親の養育次元と子どものパーソナリティ

第1章　発達（発達と教育）

ルも身に付けていない幼児にしてみれば、うその意味や重大性の認識もないわけである。こういったことを考慮すれば、1度めはやさしく諭し、2度め以降からは徐々に厳しく注意し、指導していくことが大切である。

3) 児童期（学童期）

この段階は小学校の時期にほぼ相当し、いよいよ社会化にとって必要な集団生活の場に入っていくことになる。それにともない、人間関係もこれまでの親・兄弟との関係（縦、斜めの関係）から友達との関係（横の関係）が強くなり、ギャングエイジ（gang age）と呼ばれる仲間集団との遊びを通して、集団内で守るべきルールなどを身をもって体験し、次第に社会適応（社会化）の方法（技術）を習得していくのである。ただ、仲間集団に関しては、その集団に反する子どもへのいじめも生じやすく、また"出る杭は打たれる"の喩えのごとく、その集団内にあっては自分本来の興味・関心を思うままに追求する状況が生まれにくい、という矛盾も抱えている点を考慮しておく必要がある。

昔から、児童期の課題の一つとして、「読み・書き・算盤」の習得が重視されている。幼児期が話し言葉の基礎形成期とすれば、児童期は読み・書き言葉の形成期となる。児童期では、情緒が安定し、知的欲求も旺盛であるので、いろんなことの基本をしっかり身に付けるには最も適した時期といえる。

基礎的な読み書きができる能力を識字（literacy）といい、計算の基礎能力をニューメラシー（numeracy）というが、日本の識字・計算両教育の水準は世界の中でも高い評価を受けている。ちなみに、日本の小学校では、ひらがな、カタカナ、漢字の読み書きが指導されるが、漢字の場合、6年間で約1000字の漢字を学ぶことによって、子どもの理解力や表現力に格段の進歩がみられるようになる。

言葉の獲得にともない思考力も進歩をみせるが、幼児期レベルを脱皮して、児童期の特徴が出てくるのは、小学校中学年（3年生）以降ということになる。例えば、論理的な思考が可能になるには、質・量などの保存概念が成立しなくてはならないが、液量の保存に関する実験（図1-9）で確認してみる

ピアジェの課題	直感的思考段階	具体的操作段階
液量の保存　A　B　C	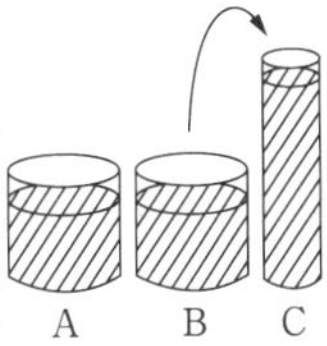 子どもはA、Bの容器に等量の液体が入っていることを認める。それからBをCに移しかえると液面の高さに惑わされCの方を「たくさん」と答えたり、容器の太さに惑わされCの方が「少しになった」と答える。	子どもはA、Bの容器に等量の液体が入っていることを認める。それからBをCに移しかえると、液面の高さは変わるが、CにはAと等しい液体が入っていることを理解する。

図1-9　液量の保存実験

出所）内田、1991

と、小学校低学年（1、2年）でも成立していない児童はいる。しかし、2、3年生ぐらいまでには完成されていく。

そして、3年生以降になってくると、言語的思考が安定し、それにともない、目の前のいくつかの具体物から共通項を見つけ出し、上位概念を作り出すことが可能になる。このように思考力の概念化、一般化が可能となるにつれて、子どもの見方は、自分の狭い関係領域を超えた、時間的にしろ空間的にしろもっと広い世界を思考の対象とすることが可能になる。その結果、歴史や人生といった次元にも関心が寄せられるようになってくるのである。

このように、児童期では、かなりの論理的思考が可能となるものの、一方ではまだ具体的なものに固執しやすい傾向が強く、やや柔軟性を欠いた硬さがみられるが、このような思考方法がこの時期の特徴となっている。この思考段階をピアジェは「具体的操作段階（7～12歳）」と呼んでいる。

児童期は、上でみたように、情緒的にも比較的安定しており、言葉・思考力も上達し、かつ知識欲も旺盛であり、関心の対象は周りのもの（外に）向かっている状況にある。それ故、いろいろなことにトライし、知る喜び、何かができた満足感などを体験することが多い時期でもあるが、こういった体験を十分にしておくことがこの時期の大切な課題とされている。

4) 青年期

青年期は、これまでの子どもの段階から大人の段階への移行期と捉えるこ

とができる。年齢的には11歳前後から20歳前後までを指すが、スタートの時期も終点の時期（大人の段階の始まり）もかなり幅広く変動する傾向が認められる（青年期の延長化）。

では、大人の条件とは何かということになるが、①身体的条件（性的成熟）、②心理的条件、③社会的条件、以上の3条件が備わることである。つまり、身体が大人になるだけでなく、心理的にも大人としての自覚が持て、さらに、社会人として自分自身の生活を営んでいけるだけの教養や技術を身に付けているということである。

まず、①身体的条件については、青年期のスタートは第二次性徴として認められるように身体的面での劇的な変化であり、異性を愛情の対象として意識し始める時期である。前もっての予兆はあるにしろ、このような身体面での変化は、これまでの自我の安定を揺るがすことになる。つまり、それまでの自分の関心は外の対象に向きがちであったものが、この身体的変化をきっかけに、内側つまり自分自身に向けられるようになってくる。

また、発達加速現象からも確認されるように、身体的成熟の低年齢化にともない、性教育のスタート時期や方法などが、学校のみならず家庭も含めて大きな課題とされよう。

次に、②心理的条件であるが、この条件を考える前に、この時期の自己像はどんな状態かをみておく必要がある。先に、身体の劇的な変化をきっかけとして、関心の対象が自分自身（内）に向けられるようになることをみたが、自分自身を見つめるようになるにつれて、これまでは気付かなかった自己像（現実の自己像）がみえるようになってくる。また、自分に関心が向けられることによって相対的に他人意識も強くなり、自分の欠点をみせないような自己像（他人を意識した

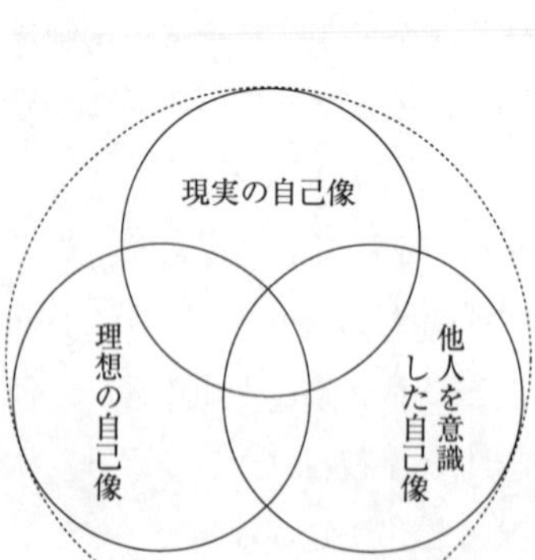

図1-10　青年期の自己像

自己像）も存在するようになる。さらに、この段階になると思考力は論理的になり理屈っぽくなる反面、まだ現状認識は未熟なために、理想的な発想が強い。それ故に、自己像においても理想化した自己像（理想の自己像）が存在する。このように、青年期の自己像は錯綜した状態にあるのが特徴である（図1-10参照）。

そのため、青年期においては、感情面でも複雑化（嫉妬、羨望など）し、また些細なことにも敏感になる。状況、状況によって自惚れたり、落胆したり、快活かと思えば沈み込んだりと不安定な時期である。このような特徴を「疾風怒濤（Sturm und Drang）」と呼んでいる。

このような状況も、次第に自分自身の長所、欠点、得意、不得意などが自分で認識できるようになるにつれて、不安定な状態も次第に治まってくるようになる。つまり、自分で自分自身のことが把握できることにより、どのような状況に置かれても、自分なりの対処が可能となるからである。このような状態を"自己の確立：アイデンティティの確立"というが、この状態が、心理的に大人になったということであり、青年期における重要な課題となるのである。

そこで、大人になった（自己が確立した）段階の心理的条件は何かということになるが、以下の4つに整理できる。

ⅰ）自主性：自分自身で判断や決定ができること
ⅱ）自律性：自分自身を（目的に向かって）コントロールできること
ⅲ）責任性：自分の行動の結果を自分で引き受ける姿勢が持てること
ⅳ）自全性：自分のやることに充実感を感じながら全うできること

以上、大人としての心理的条件を整理してみたが、この心理的条件の程度は自己確立のレベルと比例するものである。大学進学や職業選択に際し、自分はどういう状況であったか、チェックしてみるとよいだろう。

ともかく、この青年期には、いろいろな体験を通じ自分を試してみることで、自己理解を深めることが重要な課題となるが、試行錯誤が許される（周りも大目にみてくれる）この青年期段階を「モラトリアム：支払猶予（morato-

> COLUMN 2

キャリア発達とキャリア教育

日本大学法学部教授　野々村　新

　最近、自己の進路や生き方に関する自覚や積極的な態度が十分に習得されることなく、目的意識が希薄なまま学校生活を送っているためにさまざまな点でモチベーションが低く、無気力かつ未熟な状態で卒業し社会に出ていく生徒・学生が増加している。

　進路（上級学校・職業）の選択は、個人の「生き方」にとってもっとも重要な問題であるが、最近の生徒・学生の中には、進路の本質的意義や重要性を理解せず、また職業への無関心も見られたり、卒業後に職業や勤労に対する否定的ないし消極的態度で臨む者も決して少なくない。

　このようなことから、上級学校における不適応、ニート（NEET）、フリーター、就職者の職業不適応および早期離職等々の問題が拡大、深刻化してきた。そこには、望ましい進路の選択に不可欠な知識・技能を十分に習得していない、また自己分析が不十分であるために進路設計がなされていないといった、「キャリア発達」の未熟さが見られるのである。

　人間の発達の重要な一つの側面としてのキャリア発達（career development）は、クロール（Kroll, A. M.）らによれば、「個人の労働に関する行動の生涯にわたる系列やパターンを示し、正式に職業に就く前後の労働に関連した経験や活動のすべてをも含んでいる」とされている。つまり、自己とキャリア（人生の生き方）との関連性の発達を表し、個人の職業にも関連した、生涯における社会的活動の発達や社会的役割の分担の変化を意味する。

　学校における本来の「進路指導」は、個人がより価値のある社会人・職業人に向かって成長・発達していくことを援助する教育活動である。そのため、その理論的根拠として、このキャリア発達はより適切な概念とされている。つまり、学校における進路指導は本来、個々の生徒・学生の発達段階に応じ、彼ら自らがキャリア発達に必要な発達課題を達成してキャリア発達を促進し、人生の生き方について援助する活動なのである。

　ところで、最近、キャリア教育が話題となっているが、「キャリア教育」という用語が公の文書に初めて記されたのは、1999年、中央教育審議会答申「初等中等教育と高等教育との接続の改善について」である。そこでは、「学校と社会及び学校間の円滑な接続を図るためのキャリア教育（望ましい職業観・勤労観及び職業に関する知識や技能を身に付けさせるとともに、自己の個性を理解し、主体的に進路を選択する能力・態度を育てる教育）」を小学校

から発達段階に応じて実施する必要があるとされている。

このようにキャリア教育は、学校と社会および学校間の円滑な接続を図るためのものであり、その究極の目標は「キャリア発達を促進することによって、主体的に進路を選択する能力・態度を育成すること」である。

しかし、従来の学校における進路指導では、上述のような本来のあり方とは乖離した、いわゆる学業成績による「選択」に重きを置いた指導、中・高等学校の卒業時に集中して実施される"出口の指導"と捉える傾向が広く見られた。したがって、学校における進路指導をその本来のあり方に立て直そうとして、「キャリア教育」の名称でリニューアルしたと考えることができる。

また近年、フリーターやニートの急増に伴い、わが国の今後の経済成長阻害や少子化の促進、社会不安の増大等が懸念され、その改善の方策として、キャリア教育が脚光をあびることともなった。具体的には、2003年6月に、文部科学・厚生労働・経済産業・経済財政の4大臣による「若者自立・挑戦プラン」が発表され、小学校段階から児童・生徒の発達段階に応じたキャリア教育の推進が求められている。

フリーター　　フリーターは、厚生労働省「労働経済白書」によれば、①年齢は15～34歳、②パートやアルバイトで働く者で、男性は継続就業年数が1～5年未満、女性は未婚者、③現在は無業だがパート、アルバイトを希望している者、と定義された。2005年版同白書によると、2004年におけるフリーター数は、213万人（前年比、4万人減）である。しかし、35歳以上のいわば「中高年フリーター」が46万人いるとされている。

ニート（NEET）　　ニートとは、英語の"Not in Education, Employment or Training"の頭文字で、"学校にも雇用にも、職業訓練にも参加していない若者"とされている。

ニートという言葉は、英国で用いられ始めた。1999年、英国内閣府が、「16～18歳の青年に限っても人口比9％、16.1万人が毎年ニートになっている」との報告書を発表し、一気に社会問題化した。

わが国では、厚生労働省が2004年版「労働経済白書」の中で初めてこれに言及し、ニートを「非労働力人口のうち15～34歳で学校を卒業した未婚で、家事・通学をしていない者」と定義し、03年のニート数を52万人と発表した。しかし、その後同省は、不登校の学生や既婚者も含めるべきだとの判断から、ニートを「15～34歳で家事も通学もしていない非労働力人口」として集計を行った。それによると、03年は64万となった。なお、2005年版同白書では、04年におけるニートの数は64万人と発表している。

rium)」段階と呼ぶこともある。

　最後に、③　社会的条件としては、社会の発展にともない、職に就く際に必要とされる知識や技術がますます要求される時代となっている。そのことは、今日の高学歴化現象をみてもわかる。例えば、最近の大学進学率は、高卒の約1/2に迫る状況となっている。また、中卒の就職率を参考にしてみると、1960年には38.6％であったものが、2000年ではわずか1.5％となっている。高卒の就職率も1960年の61.3％から、2000年では20.7％とやはり減少している。これは進学率の上昇を示すものであるが、かつては中学校や高校を終えた15歳や18歳の段階で職業選択を迫られた時代（社会に迎えられた時代）もあったわけであり、その意味では、この青年期は、そのときどきの時代的背景を反映したものと捉えることができる。今日では、社会に出る年齢が、以前の15歳、18歳から22歳ぐらいまでに延びており、さらに近年では、大学院への進学や資格取得のための大学卒業後における勉強など、さらに延長の傾向が強まっている。こうしてみると、青年期は、先にみた身体的条件での前傾化（早熟化）のみならず、社会的条件での延長化と、結局、青年期は前後に広がる傾向が認められるのである。この現象を「青年期の延長化」と呼んでいる。

　このように今日では、大人の条件の一つである社会的条件を習得するためには、かなりの時間と経済面での援助が必要とされることがわかる。

　思考能力については、ピアジェによれば、この時期に完成をみることになるとされており、具体性を離れた抽象的思考が可能となるが、この段階を「形式的操作段階（12歳～）」と呼んでいる。

　成人期と老年期については、これから述べる発達課題を参考にしてもらいたい。

(3)　発達課題とは

　では、最後に、生涯発達における、各発達段階で求められる"発達課題"についてみておくことにしたい。人が社会的存在として、かつ自分の個性が

発揮できる生き方として納得できる生涯を送るためには、各発達段階で習得しておかなければならないものは何かということである。教師として児童・生徒を指導するにせよ、親として子どもを育てるにしろ、さらに、自分自身の生き方を考える場合にしろ"人が人としてどうあるべきか"については、常に考慮しなければならない大切なことである。"発達課題"はこの問題を考える際に、大切な指標となるものである。

1）ハヴィガーストの発達課題

発達課題は、アメリカのハヴィガースト（Havighurst, R. J.）によって提唱された考えである。発達課題は、①身体的成熟、②社会からの要求や圧力、③個人の達成しようとする目標や努力の3点を前提に考えられるものであり、発達のそれぞれの段階において、身に付けておくことが期待される心理的および社会的な課題である。各段階での課題をクリアできればその後の発達はスムーズに進行するが、達成されなかった場合には、その後の発達に支障をきたすとされる。

では、ハヴィガーストの発達課題（1953）の内容は何かを簡単に整理してみると、

「乳・幼児期」では、歩行、固形食の摂取、話すこと、排泄などに関する学習、人間関係（両親、兄弟）の学習、善悪の区別や良心の学習などである。

「児童期」では、読み・書き・計算の基礎的能力の発達、友達と交わることの学習、男・女の適切な性役割の学習、日常の遊びに必要な身体的技能の学習、良心・道徳性・価値観の発達などである。

「青年期」では、同年齢の男女との洗練された交際、男・女としての社会的役割の達成、身体構造の理解および有効な扱い、両親や他の大人からの情緒的独立、職業選択とそれへの準備、経済的独立への目安を立てる、結婚と家庭生活への準備、社会的責任を負える行動、市民としての必要な知識や態度の発達、などである。

「壮年：成人初期」では、配偶者の選択および生活、子育てを含めた家庭管理、就職、市民的責任感、適した社会集団の選択などである。

「中年期：成人中期」では、大人としての市民的・社会的責任の達成、経済力の確保と維持、子どもの精神的成長への援助および子どもの自立にともなう喪失感の克服、老後へ向けての人生観の見直し、余暇活動の充実、配偶者との人間関係の充実性、中年期の生理的変化に対する受け入れおよび適応、高齢者の両親に対する対応などである。

「老年期」では、肉体的な力と健康の衰退に対する適応、退職および収入の変化（減少）への適応、退職後の配偶者との生活の充実性および配偶者の死に対する適応、同年代の世代との親和関係の形成、社会的・市民的義務の引き受け、肉体的に満足な生活を送れるような準備など、となっている。

老年期について多少の補足をしておくことにするが、近年では、高齢者人口は増加しており、高齢者の退職後の生き方が大きな問題となっている。第一次産業が中心であった時代では、農業など、高齢者も労働力としてのみならず、これまでの経験を活かせる生活環境があったが、昨今では、IT産業など産業構造の近代化にともない、高齢者の労働力や知恵を活用できる場が狭くなりつつある。こういった状況を踏まえ、今後の老後のあり方を考えてみると、かなり早い段階から、徹底してのめり込めるような趣味を見つけておくことが大切である。退職後の自由な時間をいかに過ごせるかが一大テーマとなるわけであるから、我を忘れて没頭できるものがあれば、そのことを通して周りの人々との関係（教えたり、切磋琢磨する関係）も豊かになり、"生きがい"感に満たされた老後を送ることができるようになるのである。

2）エリクソンの発達課題（心理社会的理論）

今度は、エリクソン（Erikson, E. H.）による心理社会的理論（psychosocial theory）から、発達課題を考えてみる。この理論は、フロイト（Freud, S.）の精神分析学的な考え方が基盤になっているが、ともすれば生物主義的（性欲や本能論への偏り）傾向が強いと非難されたフロイトの発想に、さらに文化・環境的要因の影響性を重視させた応用性の広いものとなっている。

では、彼の考え方であるが、エリクソンは、発達を個人的欲求や能力（心理）と社会的期待や要求（社会）との相互作用の所産であると考える。つま

り、人は生涯発達の節目節目で、"自己の成熟的状況（内的要因）"と"外からの影響力（周りからの要求）"との間でバランスが取られなければならないような状況に遭遇するが、このような状況を、心理社会的危機（psychosocial crisis）と呼び、この危機的場面をいかに解決していくかが、各発達段階の課題であり、パーソナリティ形成にも深く関わってくるものであるとする。また、その各段階での発達課題（危機）をクリアしておかないと、次の段階へ持ち越されてしまう、と説明する。

表 1-3 は各発達段階における心理社会的危機のリストを示したものである。以下、簡単に説明を加えるが、先にみた各発達段階の特徴も参照するならば、一層理解が深まるだろう。

第 1 段階（乳児期：信頼感―不信感）： この段階でのクリアされるべき課題は、"基本的信頼の感覚"を獲得することである。この段階の乳児は、大変"ひ弱な"存在でありながらも環境には敏感に反応でき、また、分離不安が強く、接触欲求が強いといった状況にあるが、このような状況にとっては、最も身近な人（一般的には母親）との交渉のあり方が重要となってくる。その交渉のポイント（要点）は、マザーリング（肌の触れ合い）を基本にしながら、乳児の多様な欲求にどれだけ応答的に関われるか、ということになる。結局、この課題が解決されれば、自己への信頼と同時に外界も信じられるようになり、分離不安も解消され安定してくるのである。しかし、解決されない場合は、不信感を持つようになり、不安定な状況が積み残されたままになってしまうのである。

第 2 段階（幼児前期：自律性―恥・疑惑）： この段階での課題は"自律性、つまり自分を状況に合わせてコントロールできる力"である。この段階の幼児は、身体面での自立が可能となり、自由に活動できる存在となっている。また、"自己主張"が強いのも特徴となっているが、この時期には社会化にとって必要な"しつけ"が開始される。やっと自由の身になった幼児には、しつけは外圧と感じられるが、この危機をどう乗り越えられるかが課題達成の分れ目となるのである。結局、"しつけのあり方"がポイントになるわけ

表 1-3　エリクソンの発達図式

	1	2	3	4	5	6	7	8
老年期 VIII								統合 対 絶望、嫌悪 知恵 (wisdom)
壮年期 VII							世代性 (生殖性) 対 停滞 世話 (care)	
成人期 VI						親密 対 孤立 愛 (love)		
青年期 V					同一性 対 同一性混乱 忠誠 (fidelity)			
学童期 IV				勤勉性 対 劣等性 有能 (competence)				
幼児期後期 III			積極性 (自発性) 対 罪悪感 目的 (purpose)					
幼児期前期 II		自律性 対 恥、疑惑 意志 (will)						
乳児期 I	基本的信頼 対 基本的不信 希望 (hope)							

出所) Erikson, 1982

であるが、すでに述べたように、"綱引き"の要領が重要となる。つまり"厳しすぎず、甘すぎず"ということである。

　この危機を乗り越え自律性を身に付けた子どもは、自尊感情や有能感の高揚を感じながら、状況に応じて自分をコントロールすることができるようになるのである。しかし、失敗した場合には、そういった自信もつかず、羞恥心や疑惑を抱くようになる。

　第3段階（幼児後期：積極性〔自発性〕―罪悪感）：　この段階の課題は"積極性"である。この段階の幼児は、身体運動機能や、言語、社会性の発達も著しく、外界に積極的に働きかける状況にある。すでに、自己コントロールもある程度可能となり、積極的にいろいろなことを試みることが、周りの人から褒められたりする経験を通し、さらなる積極性、つまり自分で目標を立て実行しようとする力（勇気）が獲得されるのである。ところが一方、子どもの積極的働きかけに対しても、周りからの叱責や評価されない扱いが続くと、子どもは罪悪感を抱くようになり、その結果、積極的にことに臨む姿勢ではなく、防衛機制の対処方法を取りやすくなる。

　第4段階（児童期：勤勉性―劣等感）：　この段階の課題は"勤勉性"である。この時期の児童は、身体面、思考力、知的関心など完成までにもう一歩の段階にまで発達しており、社会に出てから必要とされる知識や技術を習得する時期である。この習得過程は、好奇心や忍耐力や能力などに支えられて進行するが、当然ながら、スムーズにことが運ぶとは限らず、時には挫折なども経験する。課題の獲得は、この状況にどう対処できたかによって決まるのである。つまり、努力することによって乗り越えられた場合は、まじめに努力すれば成し遂げられるとする効力感（勤勉性）が身に付く。しかし、うまくことが運ばず効力感が持てる経験が乏しいと、挫折感や劣等感を抱くことになる。学習障害、情緒障害、不登校や非行など学校不適応の問題は、この課題との関連で考えなくてはならないものである。

　第5段階（青年期：同一性―同一性拡散）：　この段階の課題は"同一性（自己：アイデンティティの確立）"である。青年期の段階は、子どもから大人への

COLUMN 3

フロイトの精神分析学

　人間を理解する上での大切な考え方（理論）の一つに、フロイトの精神分析学がある。人間を表層面（意識）と深層面（無意識）の2階層構造で捉え、人の行動への影響性について意識よりも無意識を重視する考えのため、深層心理学ともいわれる。この深層心理の考えは、精神医学や心理学のみならず、さまざまな学問分野へ多大な影響を与えている。

　この章でも、エリクソンの理論をはじめとして、この理論をベースとしたものが多いので、簡単に、フロイトの理論のポイントを整理しておくことにしたい。

心の構造：
イド：こころの無意識的・原始的側面。心的エネルギー源、行動の源。生得的な本能的衝動。快楽原則に従う。

自我：こころの中の意識的・知性的側面。現実原則に従う。

超自我：道徳性・良心（社会や両親のしつけによる社会規範や価値観）。イドの本能的衝動を抑える。

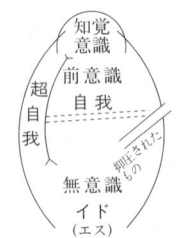

図　フロイトによる心のモデル

心理・性的発達：精神分析学では、人の発達について、人が生まれながらに備えている自己保存や性的欲動を基本とする精神的エネルギー（リビドー）の充足レベルにより、発達（性格）が決定されると説明する。

発達段階	年齢	性感帯	主たる発達課題 （葛藤の源）	固着した際の性格
口唇期	(0〜1)	口、唇、舌	離乳	消極的（甘え）、依存的
肛門期	(1〜3)	肛門	用便のしつけ	几帳面、節約家、頑固
男根期	(3〜6)	性器愛	エディプス・コンプレックス	虚栄的、攻撃的、消極的
潜伏期	(6〜12)	特定の領域なし	防衛機制の発達	固着は通常この段階では生じない
性器期	(12〜)	性器（異性愛）	成人としての愛情行為	固着のない健全な性格

自己防衛機制：人の心はイド、自我、超自我から成り立っているが、イドは"〜したい"といった"快楽原則"に従って動くのに対し、超自我が

"〜してはいけない"といった具合に、社会的・良心的視点から、自由奔放なイドの働きを規制するように働く。この相反する力の間で葛藤が生じるが、その葛藤の調整役に回るのが、現実原則に従う"自我"である。自我はさまざまな方法で心の安定を図ろうとするが、そのメカニズムを防衛機制という。アイデンティティの確立との関連でみると、確立の度合いが高まるにつれ、防衛機制の使用は弱まるといわれている。では、その安定方略の代表的な一部を紹介する。

　抑圧：防衛機制の基本。苦痛や危険な考えを意識から締め出し、無意識化する。
　昇華：反社会的な欲求や感情を、社会的に認められる形に置き換える。
　退行：自我を防衛するために発達的に前の段階に戻る。幼児期への逃避。
　補償：欠陥や劣等感を、他の面での優越感で補う。
　逃避：空想、病気、現実、自己へ逃げ込む。
　同一視：有名な人物や団体（組織）を取り入れて自分と同一とみなし、価値を高める。
　合理化：受け入れ難い自分の考えや行動を正当化すること。酸っぱいブドウの原理。
　反動形成：本心とは逆なことをいったり、したりする。

移行期に当たることはすでに述べた。この移行期は、第二次性徴などを機会に、関心が自分に向かい"自分が一体何者で何になりたいのか"を自問自答する時期となる。自分自身で自分をしっかりと見極めることができるようになること、つまり自己理解が十分にでき、自分自身を受容できる状態を「自己同一性（アイデンティティの確立）」と呼ぶが、この感覚が持てるようになることが課題とされるのである。では、課題解決のための要点は何かということになるが、自己理解に必要なことは、いろいろな体験を通して自分を整理してみること（得意・不得意、関心の対象など）や、友達や親・先生など周りの人々に、自分がどのように捉えられているのかなどを参考にしながら自問自答（自分との対峙）することが重要である。課題を解決できた場合は、同一性つまり自己が確立できたわけであり、どんな場面にも自分自身で対処できるようになるのである。しかし、うまくいかず自己同一性の意識が曖昧なまま

であると、どんな場面にも自信をもって取り組んでいくことが困難になる。その状態がひどい場合を「自己同一性の拡散」というが、対人恐怖症などの神経症をはじめ統合失調症（分裂症）などの精神病の発症、不登校、スチューデント・アパシー、中途退学、非行問題など、この段階の課題達成のあり方と密接な関係がある。

　第6段階（成人期：親密さ―孤立）：　この段階の課題は"親密さ"である。自己確立が達成された者は、自分で納得のいく職場を選択し、そこで自分を活かしながら社会生活を送ることができ、異性を含めた他者との密接な関係を形成することができるようになる。職場での人間関係、また伴侶の選択と家庭における良好な人間関係など、この段階での生活をしていく上での大切な基盤となるのである。しかし、自己確立の達成が不備な場合は、自己不確実感のため他者との間に対等な関係が結べず、自己の世界に引きこもる傾向がみられ、孤立感を抱くようになる。

　第7段階（壮年期：生殖性―停滞）：　この段階の課題は"生殖性"ということである。この時期の人々は、職場や家庭において責任ある立場に置かれるわけであるが、職場での部下の指導や家庭での子育てなど、次世代を育み援助する役割が遂行できることが課題とされ、その意味で生殖性（生産性ともいう）と呼んでいる。しかし一方、こういった役割を遂行できない場合は、自己中心的で自己愛と自己満足感だけに浸った停滞感を抱くことになる。

　第8段階（老年期：統合性―絶望と嫌悪）：　この段階の課題は"統合性"である。We are mortal、いよいよ人生も最終コーナーに差しかかり、生涯のゴールを目前に控えた時期である。そこで、この時期の課題としては、迎えなければならないゴールをどのような形で迎えるかが問われることになる。自分の生涯を振り返れば、成功、失敗、絶頂、絶望、諸々の体験を経ているわけであるが、ともかくも自分が生きてきた事実を自分のものとして受容できるか、ということである。結論からいえば、これまでみてきたように、各段階における課題が大なり小なりクリアされていれば、自然と自己受容の姿勢（統合性）も備わることになるのであるが、一方、統合性に欠ける場合に

は、自分の人生を他人のせいだと責任を回避（転嫁）したりすることにもなり、絶望感や嫌悪感を抱くことになる。

　以上、発達課題について、ハヴィガーストとエリクソンの考えをみてきたが、人間の生涯にわたる発達のあり方を学ぶ上で、大いに参考になるものと思われる。確かに、この2つの考え方は発達課題を考える上で、代表的なものであり、今日においても参考にされているものであるが、発達課題が、その時々の時代的背景に少なからず反映されるものであることを考慮すれば、21世紀を迎えた今日においては、多少のズレも認められるはずである。そういったことも頭に置きながら、これらの理論をじっくり学んでみることによって、人間理解や自己理解が一層深まるものと思われる。

引用文献

朝日新聞（朝刊）　1997.9.26、1997.10.1「ひととき」より
内田伸子　1991「第7章　世界を知る枠組みの発達」内田伸子・臼井　博・藤崎春代著『ベーシック現代心理学　第2巻　乳幼児の心理学』有斐閣
梶田叡一編著　1995『教育心理学への招待』ミネルヴァ書房
梶田正巳編　2002『学校教育の心理学』名古屋大学出版会
子安増生　1992「第2章　発達過程の理解」子安増生・田中俊也・南風原朝和・伊東裕司著『ベーシック現代心理学　第6巻　教育心理学』有斐閣
坂口哲司編　1995『生涯発達心理学』ナカニシヤ出版
高橋恵子・波多野誼余夫　1990『生涯発達の心理学』岩波新書
田島信元　1997「6　発達の心理学(2)―新しい発達の考え方―」（永野重史編著『教育心理学―思考と研究―』放送大学教育振興会）
永野重史編著　1997『教育心理学―思想と研究―』放送大学教育振興会
前原武子編著　1996『生涯発達―人間のしなやかさ―』ナカニシヤ出版
Baltes, P. B., Reese, H. W. and Lipsitt, L. P.,1980, Life span developmental psychology. *Annual Review of Psychology*, 31, pp. 65-110.
Erikson, E. H., 1982, *The Life Cycle Completed : A Review*, W. W. Norton. （村瀬孝雄・近藤邦夫訳　1989『ライフサイクル―その完結―』、みすず書房）
Gerring, R. J. and Zimbardo, P. G., 2002, *Psychology and Life* (16 th ed.), Allyn and Bacon.
Jensen, A. R., 1968, How much can we boost IQ and scholastic achievement? *Harvard Educational Review*, 39, pp. 1-123.（東　洋　1969「知的行動とその発達」桂　広介・波多野完治・依田　新監修『児童心理学講座4　認識と思考』金子書房、pp. 1-22）

Lave, J. and Wenger, E., 1991, *Situated Learning : Legitimate Peripheral Participation*, Cambridge University Press. (佐伯　胖訳　1993『状況に埋め込まれた学習―正統的周辺参加―』産業図書、pp. 183-191)

Scammon, R. E. et al., 1930, *The Measurement of Man*, University of Minnesota Press.

Schaie, K. W. and Strother, C. R., 1968, Comparable cross-sectional and longitudinal age gradients for the PMA Verbal Meaning Test. the American Psychological Association.

参 考 文 献

柏木恵子・古澤頼雄・宮下孝広　1996『発達心理学への招待』ミネルヴァ書房

佐藤公治　1996『認知心理学からみた読みの世界―対話と協同的学習をめざして―』北大路書房

Berger, K. S., 2001, *The Developing Person Through The Life Span* (5 th ed.), Worth.

Fontana, D., 1995, *Psychology for Teachers* (3rd ed.), Macmillan.

Maier, H. W., 1969, *Three Theories of Child Development : The Contributions of Erik H. Erikson, Jean Piaget, and Robert R. Sears, and Their Applications* (Revised ed.), Harper & Row. (大西誠一郎監訳 1976『児童心理学三つの理論―エリクソン／ピアジェ／シアーズ―』黎明書房）

第 2 章

学　　習

●本章のねらい

　本章では、人の学習の過程について、なぜ学ぶのか、どのように学ぶのか、を中心として述べる。意識的、無意識的にわれわれは、なぜ学ぶのかについての理由を持っているだろう。それによって、学ぶ意欲が高まったり、失われたりする。その一方、「教師」は「生徒」の意欲を高めようと工夫しながら、学習へと方向づけようとする。どのようにすれば学習への意欲が高まり、どのようなときに学習への動機づけは低下してしまうのか。学習者にとっても、また教師にとっても、大きな問題である。学習意欲について、動機づけの観点と、原因帰属を中心とする認知過程から述べる。

　われわれは幼い頃、周りの大人たちから叱られたりほめられたりしながら、さまざまな行動を身に付けてきた。また、他人が叱られたりほめられたりしているところを見て、自分の言動を修正することがある。この過程には、学習が成立する基本的原理が潜んでいる。また、あるとき突然、「わかった」という体験をして、今まで解けなかった問題をすらすらと解き始めるという経験がないだろうか。何かが「できる」ことと、何かが「わかる」ことは、学習が成立した結果であるが、そこに至る過程は異なっている。それでは、できるためには、わかるためには、どのように導けばよいのか。学習指導法からも重要な問題となるだろう。

1 学習意欲の基礎

(1) 動機づけの概念

1) 動機づけとは何か

　人は、のどが渇くと水を飲もうとしたり、寂しくなって友達や親と話をしようとすることがある。ある目標に向かって行動を起こし、目標を達成しようとする一連の行動の過程を動機づけという。動機づけとは、行動を喚起し、その行動を持続させ、一定の方向に導く過程である。そもそも行動を喚起する源を、動因、動機という。また行動の目標は、行動を方向づける誘発性を持ち、行動を目標へと接近する方向に作用する場合と、目標から回避する方向へと作用する場合とがある。

　動機が発生すると、目標を達成するために行動が生じる。その目標達成が成功すると、満足感や報酬を得られて行動が終結する。一方目標達成に失敗すると、不快感や恥ずかしさなどの感情を経験し、目標をあきらめるか、修正して再度行動を起こすことになる。もちろん目標達成が成功しても、さらに上位の目標達成にむけて行動が生じることもある。

2) 動機の種類

　動機は大きく分けて2種類ある。1つは、一次的動機であり、生理的基盤に基づいている。例えば渇き、飢え、排泄、睡眠などがあり、ホメオスタシス（恒常性維持）に基づいて機能する。一次的動機の中には、種の保持、養育を含んだ性への動機も含まれる。一方一次的動機から派生した二次的動機は、経験によって獲得されていく動機である。例えば、良好な人間関係を築こうという親和動機や、他者に認めてもらいたいという承認動機、優れた水準で物事を成し遂げたいという達成動機などが挙げられる。

　このように動機はいくつかの種類に分けられるが、行動の原因は1種類の動機のみから成立するとは限らない。また、複数の動機が階層的に構造化さ

れる場合もある。そして、発達の過程において、特定の時期に特定の種類の動機が優勢になったり、階層的に喚起されていく場合がある。

マズロー（Maslow, A. H.）は、動機の階層説を唱えている。彼は、人は自己実現への動機を頂点として、そこに至るまでに階層的にさまざまな動機が位置づけられるという。その階層構造の基礎には、食べること、眠ること、さらには安全への動機といった最も基本的で生理的な動機が位置づけられている。それらの動機が満足されると、愛情と所属、承認と尊敬という社会的動機が喚起される。それらの動機も満足されると、達成動機などの自己実現動機が喚起されるという。このように動機は階層構造としてそれぞれ位置づけられているために、下位階層の動機が満足されて初めて、次の階層の動機が優勢となり、より上位階層の動機へと移っていくことになる。

例えば学習への動機は、将来の仕事を得ることで経済的な報酬を得て、それによって十分な食事と快適な生活を送りたいという場合に高まることがある。この場合、学習の結果によって得た仕事からの経済的報酬が、生理的な動機を満足するための代理的報酬として機能することになる。この場合学習は、生理的動機を満足させるために行われると説明することができる。また、最初は生理的動機を満たすための代理的な機能を果たすはずであった経済的な報酬が、時間が経過するとともに直接的な報酬として機能して学習への動機が高まることもあるであろう。

(2) 外発的動機づけと内発的動機づけ

1) 外発的動機づけ

なぜ、動機が高まり行動が生じるのであろうか。生体の側の生理的均衡が保たれたり、環境側に均衡が保たれていると動機は生じない。しかし、渇きや飢え、または苦痛な外的刺激が存在すると、不快な心理的緊張状態が生じて動因、動機が生じる。そして、その不快な緊張状態を均衡状態に回復するために行動が生じ、それが成功すると快適な均衡状態が得られるために、この生理的均衡状態の回復が報酬となる。このような説明を、動因低減説とい

う。

　生理的動機づけのように、ある動機を満足させて報酬を得ようとして、手段として行動を起こすように動機づけられる場合を、外発的動機づけという。従って外発的に動機づけられた行動は、報酬によって行動をコントロールすることができる。つまり行動と報酬とを組み合わせることで、ある行動を学習させることも可能になるのである。

　一方、報酬を得る手段としてではなく、行動すること自体によって満足を得る目的で、行動を起こすように動機づけられる場合がある。これを内発的動機づけという。内発的に動機づけられた行動には、例えば知的好奇心などに基づく行動を挙げることができる。これらは知的好奇心それ自体を満たすことを目的として行動が起こされること、さらにその行動が自発的に起こされることが特徴である。

　われわれは、より高い目標を達成しようとする達成動機を持っている。より高度の知識や技能を習得して、大きな成果を上げたいとする動機が高まると、学習への意欲も高まるであろう。達成動機は、成功願望と失敗不安から構成され、その強さの割合によって達成動機の強さが決定されるとする。つまり、成功願望の方が失敗不安よりも強ければ達成動機は高まり、失敗不安の方が成功願望よりも強いと達成動機は低くなる。アトキンソン（Atkinson, J.W.）は、目標達成行動を引き起こす達成動機について、期待価値説を唱えた。

　アトキンソンによると、達成行動の傾向は、その人の持つ個人差としての達成動機の強さ、目標達成行動が成功するかどうかの主観的な見込みまたは期待、そして目標達成行動が成功することの価値、の要因によって決定されるという。成功するかどうかの主観的な見込み、つまり期待は、目標達成が成功することに対する主観的な確率として表す。主観的成功確率が低い目標、つまり難しい目標ほど、成功したときの喜びや満足感といった感情を強く抱き、成功する価値が高く位置づけられることになる。しかし主観的成功確率が高い目標、つまりやさしい目標に成功しても、喜びや満足感といった感情

は、難しい目標に成功するときほど高まらないだろう。つまりやさしい目標に成功することの価値は、高くはないとする。すると、達成動機の強さが一定であるとすると、達成行動は次のように予想できる。

　成功願望が失敗不安よりも高い人、つまり達成動機が高い人は、あまりにもやさしすぎると感じる目標は、例え成功してもそれほど喜びなどを感じないであろうから、その目標へ取り組むことにはあまり積極的ではないだろう。逆に、難しすぎて成功しそうにもない目標に対しては、失敗したときの不快感や恥ずかしさなどがより強くなるために、目標へ取り組むことをためらうであろう。つまり、やさしい目標や難しい目標に対しては、達成行動が高まらないことが予想される。一方、失敗不安の方が成功願望よりも高い人、つまり達成動機が低い人は、難しすぎる目標には、例え失敗してもそれほど恥ずかしさを感じないであろうし、そもそも失敗する主観的確率が高いために失敗不安も感じることが少ないであろう。また仮にそのような難しい目標に成功すれば、喜びは非常に高まるであろう。また、やさしい目標には失敗することがほぼないので、失敗不安を感じることなく取り組むことができるであろう。つまり、やさしい目標や難しすぎる目標に対して、最も達成行動が高まることが予想される (図 2-1)。

　また、目標達成行動が成功したか失敗したかという結果が、行動を行った本人にどのような情報を与えてくれるのかによっても、達成行動への動機づけの強さは異なる。成功するか失敗するかの主観的な見込みがそれぞれ 50％ の課題に、成功した

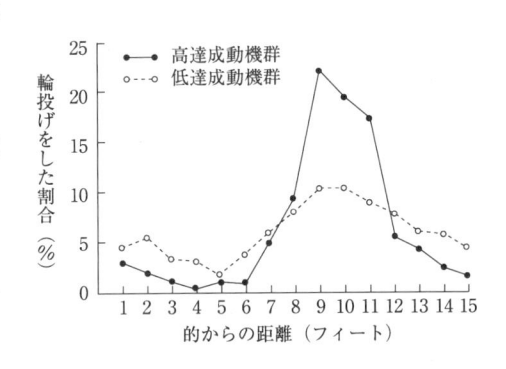

注) 的から遠い距離で投げるほど高得点が与えられるという輪投げゲームで、低達成動機群は的から遠いか近いかいずれかの距離から投げる割合が高く、高達成動機群は中間の距離から投げる割合が高かった。

図 2-1　達成動機と目標達成行動

出所) Atkinson and Litwin, 1960 より筆者改変

ときと失敗したときを考えよう。成功する見込みが高いやさしい課題に成功しても、成功したという結果によって、自分がどれだけ努力したのか、能力があるのかが明確には判断することが難しい。またやさしいと見込んでいた課題に失敗すると、自分の努力や能力に対しての従来の自己評価が揺らぐことになる。一方、失敗する見込みが高い難しい課題に失敗しても、課題が難しいからなのか、自分の努力や能力が不足していたのかが曖昧である。また難しい課題に成功しても、それが偶然なのか自分の努力や能力によるものなのかが曖昧である。しかし、成功するか失敗するかそれぞれ50％であれば、成功しても失敗しても、課題が原因であることを差し引いて、自分自身の努力や能力に関する手がかりを得ることができるだろう。達成行動の結果から、特に自分の努力や能力に関わる情報をどれほど得ることができるのかが、達成動機を高めることになる。

2）内発的動機づけ

　動因低減説によれば、人は飢えや渇き、睡眠といった一次的動機が満たされ、環境にも不均衡が生じなければ、行動への動機づけが生じにくいことが予想される。それでは、一次的動機を満たした状態で感覚刺激が与えられず、環境の不均衡が生じないとどのようになるのであろうか。感覚遮断実験と呼ばれるこの実験に参加した被験者は、食事などは十分に与えられるが、目や手足にカバーをして快適な室温で音も聞こえない状態に置かれた。すると次第にその状態に耐えられなくなり、最後には実験の中断を申し出たという。この結果は、人にとって何らかの刺激を常に受けたり、積極的に活動をすることが重要であることを示している。

　内発的に動機づけられた行動とは、自発的に行動が起こされ、行動すること自体を目標とする行動をいう。例えば知的好奇心などによる学習行動や探索行動などがある。

　人は、乳幼児期の養育者からの温かい養育行動によって、養育者を基地として探索行動を始めることが可能になる。探索行動が上手にできると、おもしろさや楽しさを感じることができ、満足感が得られる。それと同時に、養

育者からほめられたりすることによって、自信や有能感も獲得することができる。児童期以降になると、好奇心は、具体的な学習行動として情報収集行動、挑戦、独立達成行動などの行動として現れてくる。情報収集行動は、与えられた情報だけではなく、問題解決のためにさまざまな情報を収集する探索行動といえる。挑戦行動は、今よりも高い目標に挑戦しようとする行動である。独立達成は、自分の力で問題解決しようと、自らの力を伸ばして有能感をえようとする行動である。

　内発的動機づけは、外的報酬を与えられることで低下する場合がある。デシ（Deci, E. L.）は、大学生を対象としてパズルを解くという課題で実験を行った。パズルを解く課題は、3セッションから構成された。第1セッションでは、自由にパズルを解くという課題に取り組むだけであった。第2セッションでは、参加した学生の半数には、制限時間内にパズルが解けると報酬としてお金が与えられると告げられた（実験群）。しかし残り半数の学生には何も告げられなかった（統制群）。そして第3セッションでは第1セッションと同様に、全員自由にパズルを解くという課題に取り組んだ。一方、各セッションにおいて全員の学生に自由時間が与えられ、何をしてもよいといわれた。その間、実験者は実験室を退室した。この自由時間に、学生がパズルを解こ

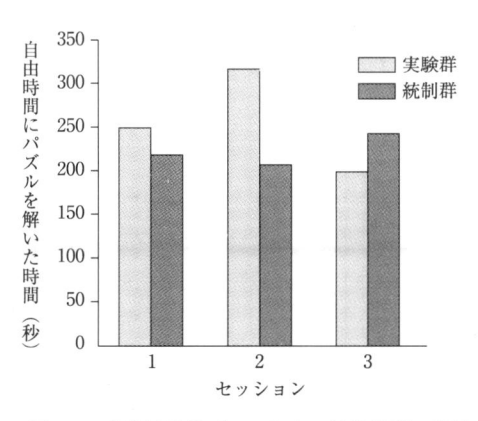

図 2-2　内発的動機づけに与える外的報酬の効果
出所）Deci, 1971

うとした時間を測定した。自由時間には何をしてもよいのだが、もしもその自由時間にパズルを解こうとすれば、それは内発的に動機づけられた行動であると見なすのである。

結果は、図2-2に示されているように、統制群の学生は3つのセッションを通して、パズルを解く時間に大きな差は認められなかった。しかし実験群は、第2セッションでパズルを解く時間が統制群よりも増加し、第3セッションでは統制群よりも時間が減少した。統制群では、第3セッションでパズルを解く時間がそれほど減少しなかったので、第3セッションでの実験群のパズルを解く時間の大きな減少は、第2セッションでのパズルを解いて成功したことへの報酬の効果であるといえる。つまり内発的に動機づけられた行動に対して報酬が与えられると、最初の水準よりも内発的動機づけが低下することを示している。

なぜ報酬が内発的動機づけを低下させるのだろうか。内発的動機づけによって行動をしている場合に、その行動に対して報酬が与えられると、結果や報酬のためにではなく、自らが好きで行動しているにも関わらず報酬が与えられることになる。つまり自分の行動が報酬を得ることになり、好きで行動しているのだという内発的動機づけが割り引かれて、報酬のために行動すると考えてしまう。または、報酬を受けることによって、自由に行動することが制限されたという気持ちが強くなるとも考えられる。

報酬は行動を動機づけることがある。しかし自発的に、その行動をすることが好きで行っている行動に対して報酬が与えられると、動機づけを低下させることがある。それでは、どのようなときに報酬が動機づけを低下させ、またどのような時に報酬が動機づけを高揚させるのか。

デシは、報酬には情報的側面と、制御的側面があると考えた。情報的側面とは、報酬が与えられることによって、その人が行った行動が「正しい」ということを伝えることになるという側面である。また制御的側面とは、報酬を与えたり、与えなかったりすることによって、その人の行動をコントロールすることを伝えることになるという側面である。報酬が情報的側面として

受け取られるならば、その行動が正しいことを他者から支持されたことになる。それによって当人は、自信や有能感を得られるだろう。しかし報酬が行動の制御として受け取られると、報酬のために自分は行動したのではない、という気持ちが高まり、動機づけが低下することになるであろう。

(3) 原因帰属

1) 原因帰属とは何か

テストの結果が100点満点であったとしても、それを受け取る人の反応はそれぞれである。ある人は、自分の努力によると考えるかもしれないし、テストの問題がやさしかったからだ、と考える人もいるだろう。もしも自分の努力の結果100点満点がとれたのだと考えると、次のテストも今回のように努力すれば100点満点がとれるだろうと思うだろう。しかし、テストの問題がやさしかったから100点がとれたのだと考えると、次のテストでは100点はとれないかもしれないと思うだろう。このように、行動の結果を特定の要因に特定する過程を原因帰属という。

原因帰属の過程は、自分の行動の結果の原因をどの要因に特定するのかという段階と、そこで形成された原因帰属が次の行動にどのように影響するのか、という2段階に分けて考えることができる。そして原因帰属の形成の仕方によって、次の行動への動機づけに変化を与えることになる。

ワイナー (Weiner, B.) は、行動の結果を表2-1に示すように3次元でとらえている。自分の行動を自分自身が統制可能であったか統制不可能であっ

表 2-1 帰属要因の分類

		統制可能		統制不可能	
		安定的	変動的	安定的	変動的
内 的 外 的		普段の努力 教師の偏見	一時的な努力 他者の日常的 ではない援助	能 力 課題の困難さ	気 分 運

出所) Weiner, 1979

①テストの成功を能力に帰属した場合

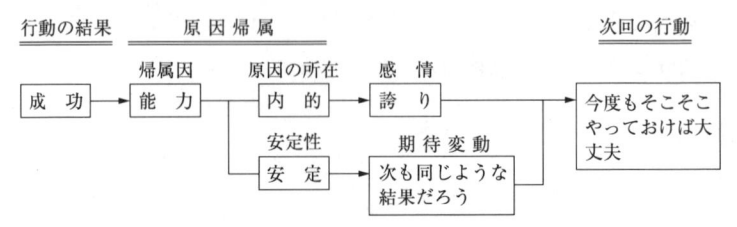

```
行動の結果    原因帰属                      次回の行動
                帰属因   原因の所在   感情
  成功    →   能力  ┬→  内 的  →  誇 り  →  今度もそこそこ
                     │                        やっておけば大
                     │   安定性   期待変動      丈夫
                     └→  安 定  →  次も同じような
                                    結果だろう
```

②テストの成功を努力に帰属した場合

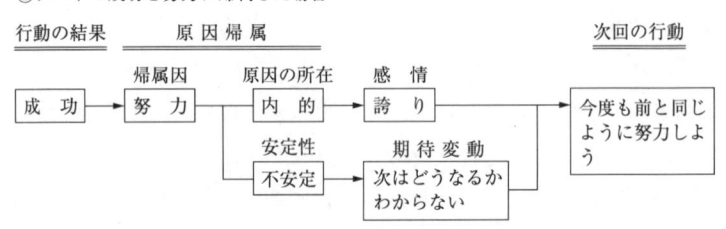

```
行動の結果    原因帰属                      次回の行動
                帰属因   原因の所在   感情
  成功    →   努力  ┬→  内 的  →  誇 り  →  今度も前と同じ
                     │                        ように努力しよ
                     │   安定性   期待変動      う
                     └→ 不安定 →  次はどうなるか
                                    わからない
```

③テストの失敗を能力に帰属した場合

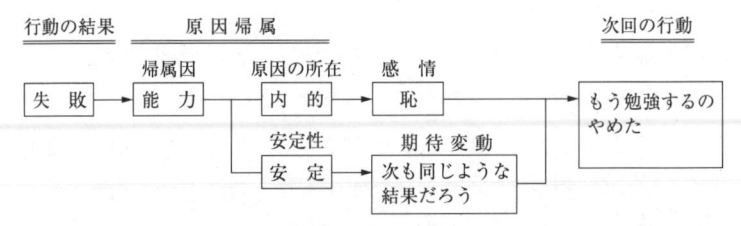

```
行動の結果    原因帰属                      次回の行動
                帰属因   原因の所在   感情
  失敗    →   能力  ┬→  内 的  →  恥   →  もう勉強するの
                     │                        やめた
                     │   安定性   期待変動
                     └→  安 定  →  次も同じような
                                    結果だろう
```

④テストの失敗を努力に帰属した場合

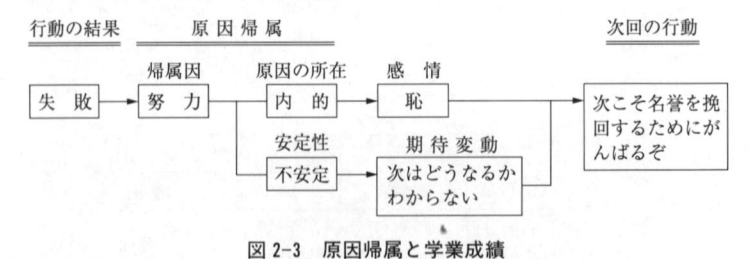

```
行動の結果    原因帰属                      次回の行動
                帰属因   原因の所在   感情
  失敗    →   努力  ┬→  内 的  →  恥   →  次こそ名誉を挽
                     │                        回するためにが
                     │   安定性   期待変動      んばるぞ
                     └→ 不安定 →  次はどうなるか
                                    わからない
```

図 2-3　原因帰属と学業成績

出所）市川、1995

たか、という統制可能―不可能次元、原因は常に安定して変化しない要因であるのかまたは容易に変化する要因であるのか、という安定―不安定次元、原因が自分自身に関わる要因であるのか自分以外の要因であるのかという、原因の所在次元、の3次元である。

図2-3に示されるように、例えば良い成績をとれたことを、内的次元で安定次元の自分の能力要因へ帰属すると、誇りを感じながら次の試験へと準備を進めるだろう。しかし能力と同じ内的次元であるが不安定次元の努力要因に帰属すると、努力次第で次の成績が良いかどうかが決まるので、同じように良い成績がとれるように一生懸命努力しよう、と思うだろう。一方、悪い成績をとったとき、能力不足に帰属すと、恥ずかしい思いとともに、次の試験の成績もあまり期待できないと思い、次の試験に向けての勉強をしなくなるかもしれない。しかし努力不足に帰属すれば、確かに恥ずかしいという思いはあるが、努力次第で次の成績が良くなるかもしれないので勉強してみようと思うであろう。同じ結果に対しても、その原因をどのように帰属するかによって、次の行動への動機づけが変化することが明らかである。

2) 原因帰属の訓練

ドゥエック (Dweck, C.S.) は、原因帰属の仕方を変えることによって、学習意欲がどのように変化するのかを検討している (図2-4)。学習をすることに無気力になった児童に対して、算数の練習を行った。この期間中に児童は、成功経験群と努力帰属群との2つのグループに分かれて練習を行った。成功経験群では、やさしい問題を練習させて自信をつけさせた。一方努力帰属群では、やさしい問題と難しい問題を与えて、難しい問題が失敗しても努力不足のせいであることを強調して、もう少し努力してみることを促した。そして、練習期間の後、両群の児童がテストの結果に対してどのような反応をみせるのかが比較された。すると成功経験群の児童は、難しい問題に失敗するとまたやる気を失ってしまったが、努力帰属群では学習を続けることができ、その結果成績がよくなった。

この結果からドゥエックは、努力帰属が学習への意欲に影響すること、努

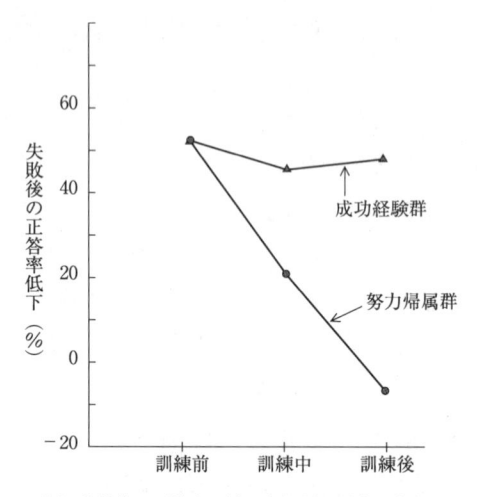

注）失敗後の正答率の低下を課題に対するあきらめの指標とすると、努力帰属群の正答率の低下が訓練前後で著しく少なくなった。

図 2-4　原因帰属の訓練

出所）Dweck, 1975

力への帰属ができるように訓練することによって、学習への意欲を高めることが可能であることを示した。確かに努力への帰属は、統制可能な内的要因であり、変動的要因であることから、成功すれば、次の行動に際しても努力しようという気持ちができるであろうし、失敗しても次こそがんばろうという気持ちになるであろう。しかしその一方で、努力を積み重ねても成功することができないと、努力帰属はかえって挫折感を強く感じさせる危険が指摘されている。

3）学習性無力感

人は常に何らかの刺激を求める存在であることは先に述べたとおりである。しかし時として、何をしても無駄であるとか、自分は何もできないと思う場合があり、無気力になって何も行動を起こさない、起こすことができないときがある。セリグマン(Seligman, M. E.)とメイヤー(Maier, S. F.)は、学習への動機づけが低下して無気力の状態になることを、学習性無力感と呼んだ。

セリグマンらは、イヌを対象として経験によって行動への動機づけが低下することを示している。動物は、ある反応や行動に対して、えさが与えられたり、不快な刺激から逃げることができるという状況が続くと、その反応や行動が速やかに出現するようになる。そこで実験では、電気ショックという不快な刺激が与えられるのだが、どのように反応してもその不快な刺激から逃げ出すことができない状態を設定した。すると、最初は不快な刺激から逃げ出そうとする反応や行動がみられるが、逃げることができないという事態が続くと、逃げ出すことが可能な条件に変更しても、逃げる行動をすばやく起こすことができなかったり、じっとそのままの状態でうずくまってしまった。一方、不快な刺激が与えられても逃げることができる状態に置かれたイヌには、このような現象はみられなかった。つまり、不快な刺激から逃げようとしても逃げることができず、自分でコントロールすることが不可能な不快な刺激にさらされることで、行動への動機づけが低下してしまい、受動的で無気力になったと考えられる。学習によって学習性無力感が形成されたのである。

　それでは、何が無力感を形成するのだろうか。セリグマンらの実験では、不快な刺激から自分では逃げようとしているのだが失敗してしまい、その失敗が重なるという状況が設定された。人を対象とした実験でも、解決不可能な問題を与えられ続けると、解決可能な問題が与えられたときにも問題を解こうとしなくなったり、不安感や、問題を出した人に対する怒りを表すことが報告されている。確かに、失敗が重なることによってやる気がなくなることがある。しかし勉強をしてもしなくても、いつもテストで100点がとれる、というような場合にも勉強をする気がなくなってしまうこともある。自分の行動の結果とは無関係に報酬が与えられても、人はやる気を失ってしまうのである。つまり学習性無力感は、自分の行動と結果との関連性がある、という認知を失ってしまうことが問題であるとされている。

4) 統 制 感

　自分の行動やその結果を含めて、自分の置かれた環境を自らがコントロー

表 2-2　鎌原ら (1982) による Locus of Control 尺度

内的―外的統制の個人差を調べるための質問項目です。以下の項目を読んで、自分にあてはまるかどうか、「そう思う」「ややそう思う」「ややそう思わない」「そう思わない」のうち適切だと思うところに丸をつけてください。

1. E　あなたは、何でも、なりゆきにまかせるのが1番だと思いますか。
2. I　あなたは、努力すれば、りっぱな人間になれると思いますか。
3. I　あなたは、いっしょうけんめい話せば、だれにでも、わかってもらえると思いますか。
4. E　あなたは、自分の人生を自分自身で決定していると思いますか。
5. E　あなたの人生は、運命によって決められていると思いますか。
6. E　あなたが、幸福になるか不幸になるかは、偶然によって決まると思いますか。
7. E　あなたは、自分の身におこることは自分のおかれている環境によって決定されていると思いますか。
8. E　あなたが、どんなに努力しても、友人の本当の気持ちを理解することは、できないと思いますか。
9. E　あなたの人生は、ギャンブルのようなものだと思いますか。
10. I　あなたが将来何になるかについて考えることは、役に立つと思いますか。
11. I　あなたは、努力すれば、どんなことでも自分の力でできると思いますか。
12. I　たいていの場合、自分自身の力で決断した方が、よい結果を生むと思いますか。
13. I　あなたが不幸になるかは、あなたの努力しだいだと思いますか。
14. I　あなたは、自分の一生を思いどおりに生きることができると思いますか。
15. E　あなたの将来は、運やチャンスによって決まると思いますか。
16. E　あなたは、自分におこることをどうすることもできないと思いますか。
17. I　あなたは、努力すれば、だれとでも友人になれると思います。
18. E　あなたが努力するかどうかと、あなたが成功するかどうかとは、あまり関係がないと思いますか。

	そう思う	やや そう思う	ややそう思わない	そう思わない
1. E	1	2	3	4
2. I	4	3	2	1
3. I	4	3	2	1
4. E	4	3	2	1
5. E	1	2	3	4
6. E	1	2	3	4
7. E	1	2	3	4
8. E	1	2	3	4
9. E	1	2	3	4
10. I	4	3	2	1
11. I	4	3	2	1
12. I	4	3	2	1
13. I	4	3	2	1
14. I	4	3	2	1
15. E	1	2	3	4
16. E	1	2	3	4
17. I	4	3	2	1
18. E	1	2	3	4

丸をつけて数字の合計得点を計算してみてください。
得点は18～72の間に入ります。
おおよその目安は次のとおりです。
- ～38　　外的統制傾向
- 39～46　ややや外的統制傾向
- 47～54　どちらでもない
- 55～62　ややや内的統制傾向
- 63～　　内的統制傾向

出所：鎌原ら、1982

ルできないと感じることを非随伴性の認知という。ロッター (Rotter, J. B.) は、自分の置かれた環境が自分自身でコントロールできる存在であると感じることができる場合を内的統制感、自分以外の要因によってコントロールされていると感じる場合を外的統制感として、学習への動機づけが高められるためには、自分が環境をコントロールできる存在であるという感覚を持つことが重要であるとした (表2-2)。

この概念は、ド・シャーム (deCharms) が、オリジンとポーンというチェスのゲームに例えている。オリジンは、自分の行動の原因が自分にあり、自分の意思で行動している状態で、「差し手」に相当する。ポーンは、誰かに自分が動かされている状態で、「こま」に相当する。

内的統制感または外的統制感は、次の行動への期待に影響をおよぼす。例えば内的統制感を強く持つと、失敗したときにはその原因を自分の能力不足や努力不足に原因帰属しやすくなるだろう。すると特に何回も失敗してしまったりすると、内的統制感が強いほど無力感になりやすいことが予想される。また外的統制感を強く持つと、成功しても自分の能力や努力といった要因に原因帰属することが難しくなり、自信を持って次の行動を起こすことが難しくなることが予想される。学習への動機づけは、自分の行動した分だけ、結果として反映されるという感覚が重要である。

(4) 学習目標と学習行動

学業場面における達成目標には、承認目標、習熟目標、遂行目標、といった種類がある。このような学習目標の差は、学習への動機づけや学習行動にどのように影響するのだろうか。

承認目標は、親や教師、友人といった他者から自分の存在を認められたい、ぞんざいな扱いを受けたくないといった、他者からの承認を目標としている。この目標達成においては、外発的に動機づけられた学習行動が生じることが予想される。

習熟目標とは、何か新しいことに挑戦したり、熟達することを目標として

いる。習熟目標は、学んで熟達することそのものが目標であるので、目標達成において内発的に動機づけられた学習行動が予想される。習熟目標を達成しようとすることは、学ぶことによって能力が増大することが期待され、それは努力によって推進されると考えられる。そして目標達成に失敗しても、自分の能力評価に関する情報、つまり自分は何ができて何ができないのか、という情報を与えてくれることになり、情報価が高い目標達成行動になる。

遂行目標は、良い成績をとりたい、1番になりたい、といった他者との比較から自分の能力の高さを認められたいという点に価値を置く目標である。遂行目標は、他者との比較によって望ましい結果を得ることを目標としており、外発的に動機づけられる一方で、より高い目標達成に向けて行動する点において、内発的に動機づけられているともいえる。遂行目標達成過程では能力は固定的に捉えられるので、目標達成に失敗すると能力不足に原因を帰属されることになる。つまり失敗したり悪い成績をとることは、自分の能力不足を決定的に明らかにすることになり、もしも自分の能力に自信がないと無力感につながる可能性が高まることになる。

エリオット（Elliot, E. S.）とドゥエックは、習熟目標と遂行目標との差が学習行動に与える影響を検討した（図2-5）。児童にパズル形式の課題を解かせて、実際の成績とは無関係に、そのパズルを解く能力について自信を与え

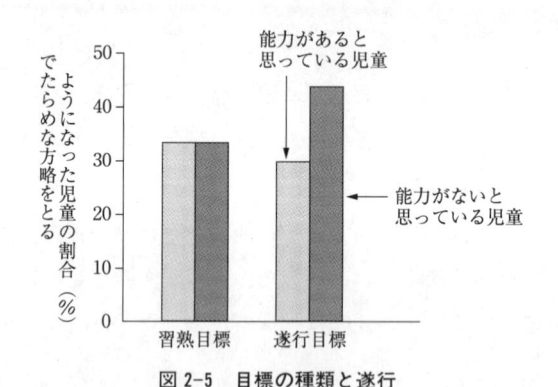

図2-5　目標の種類と遂行

出所）Elliot and Dweck, 1988

る群と与えない群の2群に分けた。その後児童は、別の課題に取り組むことになる。その新しい課題に取り組む際に、習熟目標または遂行目標のいずれか一方の目標が児童に示された。習熟目標群では、仮に失敗しても新しいことを学ぶことができることが示され、遂行目標群では、新しいことを学ぶことはないかもしれないが、自分は何ができて何ができないかを知ることができることが示された。この新しい課題では、児童は全員、課題に失敗することになった。そのとき、課題への取り組み方がどのように変化するのかが測定された。すると遂行目標群では、能力に自信がない児童は自信がある児童よりも、失敗するとすぐにでたらめでいい加減なやり方をするようになった。逆に習熟目標であれば、自信があるかないかは無関係に、課題に取り組むことができることが示された。習熟目標では、新しいことを学ぶことで能力は増大し、能力は努力によって改善されると考えられる。つまり失敗は、新しいことを学ぶときに必要な情報を提供することになるのである。一方遂行目標では、能力が固定的に捉えられるために、失敗によって能力不足が明らかになると、特に能力に自信がないと無気力になる可能性が高まるのである。

2　学習成立の基盤

(1) 古典的条件づけ

1) 古典的条件づけの成立過程

　学習とは、「経験や練習の結果生じる比較的永続的な行動の変容」と定義されることがある。学習という場合には、その行動の結果がどのように価値づけられるのかは問題にしない。つまり、技能や数学を学ぶのと同様に、暴力行動という反社会的行動を形成する過程も、経験による永続的な行動変容であるならば、学習の対象となるのである。

　レモンや梅干しを見ると、実際には食べなくても唾液が出てきたり、昆虫

が嫌いな人は写真を見ただけでも逃げ出すかもしれない。しかし最初からレモンを見ただけで唾液が出てくるのではなく、少なくとも一度はレモンを食べて酸っぱく感じて、唾液が出てきた経験があるはずである。パブロフ (Pavlov, I.) は、イヌを被験体として実験を行っていたとき、自分がイヌに近づくときの足音や食器の音がするだけで、イヌが唾液を分泌することを見いだした。そしてこのような反応の形成過程を検討した。

　イヌにブザーの音を聞かせると、イヌは最初耳をそばだたせるという反応を示すが、ブザーの音に慣れると耳をそばだたせなくなった。そこでイヌがブザーの音に耳をそばだたせるという反応を示すとき、ブザーを鳴らしながらえさを与えた。イヌは、ブザーの音を聞きながらえさを食べることになり、その間は唾液を分泌する。これを繰り返してイヌに経験させると、イヌはえさがなくても、ブザーの音を聞くだけで、唾液を分泌するようになった。これを古典的条件づけ、レスポンデント条件づけといい、ブザーの音に対して唾液が分泌するように条件づけが形成された。

　古典的条件づけは、図2-6の過程を経て形成される。えさはイヌの唾液分泌を無条件で促進するために、無条件刺激という。そのときの唾液分泌は無条件反応という。またイヌがブザーの音によって耳をそばだてるという反応

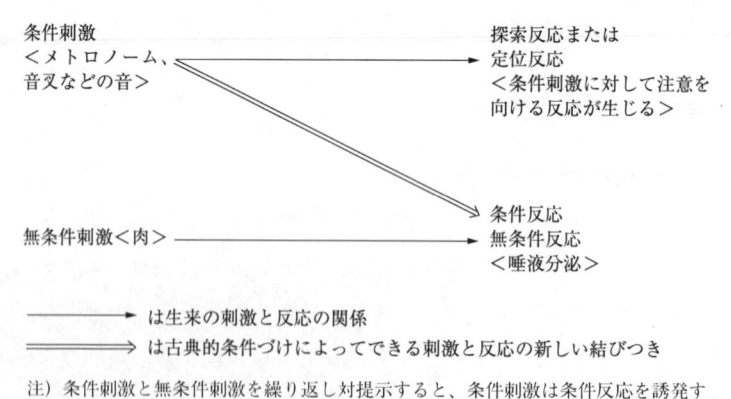

```
条件刺激
<メトロノーム、         →  探索反応または
音叉などの音>              定位反応
                          <条件刺激に対して注意を
                          向ける反応が生じる>

                       →  条件反応
無条件刺激<肉> ─────→    無条件反応
                          <唾液分泌>

──→ は生来の刺激と反応の関係
══⇒ は古典的条件づけによってできる刺激と反応の新しい結びつき

注）条件刺激と無条件刺激を繰り返し対提示すると、条件刺激は条件反応を誘発するようになる。
```

図2-6　古典的条件づけの図式

は、定位反応という。このときブザーの音は中性刺激という。ブザーの音とともにえさが与えられる期間では、ブザーの音は条件刺激となる。この期間は、ブザーの音という条件刺激と、えさという無条件刺激とが、同時に存在することになる。それが続くと、えさがなくてもブザーの音だけで唾液が分泌されるようになり、学習が成立する。このとき、ブザーの音という条件刺激に対して、唾液分泌が条件反応として成立したことになる。無条件刺激であるえさが、ブザーの音という条件刺激と対提示されることで、唾液分泌という反応との関係、つまり連合を強化した。そして唾液分泌は、最初はえさに対する無条件反応であったが、学習が成立するとブザーの音に対する条件反応へと変化することになった。

条件反応が形成されるためには、例えばブザーという条件刺激と、えさという無条件刺激が、時間的に接近して提示されることが重要であるとされてきた。しかし、レスコーラ（Rescorla, R. A.）は、条件刺激の後に無条件刺激が提示される、または提示されないという関係、つまり刺激間の随伴性の認知が重要であるという。古典的条件づけは、条件刺激と無条件反応との連合ではなく、条件刺激と無条件刺激との連合、つまり刺激間の連合が形成されることであるという認知的立場からの説明をしている。

2）般化と分化

経験によって新しい行動を学習するという考え方によると、経験をしなければ行動を形成できないことになる。しかし人は、限られた経験の中から複雑な行動を形成したり、行動を応用することができる。複雑で多様な状況において適応的に行動を起こすことができるのは、次のような機能によって説明される。

一度条件づけが形成された後で、ブザー音という条件刺激だけを提示し続けて、えさを与えない、という状況を繰り返すと、唾液の分泌量が減少していき、条件刺激と条件反応との関係が消滅する。これを系統的に行う過程を消去という。どの程度まで反応や行動が少なくなれば、消去と見なすのかの基準を消去基準といい、消去基準に至るまでの試行数を消去抵抗という。し

8 : 9　　　4 : 5　　　3 : 4　　　2 : 3　　　1 : 2

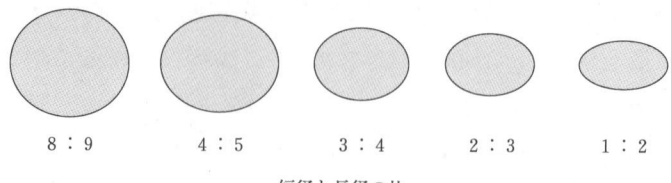

短径と長径の比

円と食物を対提示し、空腹のイヌに唾液分泌を条件づけてから、面積は同じだが短径と長径の比が上図のように1:2から8:9まで変化する各図との弁別訓練を行った。すると8:9の楕円と円の弁別が不可能となりイヌは混乱して異常な行動を示し、それまでは成立していた弁明までが不可能になってしまった。パブロフはその状態を実験神経症と呼んだ。

図 2-7　類似刺激の弁別訓練に用いられた楕円
出所）ヴァツーロ、1963

かし、一定の休息の後、再度条件刺激を与えると、唾液量がある程度まで回復する。これを自発的回復という。

また、実験に使用した条件刺激であるブザーの音と全く同じ音ではないが、類似した音を提示しても、条件反応である唾液分泌が生じるようになる。このように類似刺激に条件反応が生じることを般化といい、類似性が高い刺激ほど条件反応、例えば唾液の分泌量、が大きくなる。般化によって、類似の状況においても行動を応用させることができるようになるのである。

また、条件刺激にだけえさを与えて、類似した刺激にはえさを与えないという手続きを繰り返すと、条件刺激には唾液分泌という条件反応を形成するが、類似した刺激には唾液分泌が生じなくなる。これを分化または弁別という。しかし、弁別すべき刺激の類似性が極めて高いと、混乱してしまい、すでに形成された弁別も不可能になることがある（図2-7）。般化と分化によって、より適応的な行動を形成することができるようになる。

3）恐怖感の古典的条件づけ

ワトソン（Watson, J. B.）とレイナー（Raynor, R.）は、恐怖感が古典的条件づけで形成される過程を検討した（図2-8）。最初は白ネズミや白ウサギを見せても、興味を示して恐怖感は持っていなかった乳児に、恐怖感をわき起こす金属音を鳴らして、同時に白ネズミを見せた。この手続きを繰り返すと、

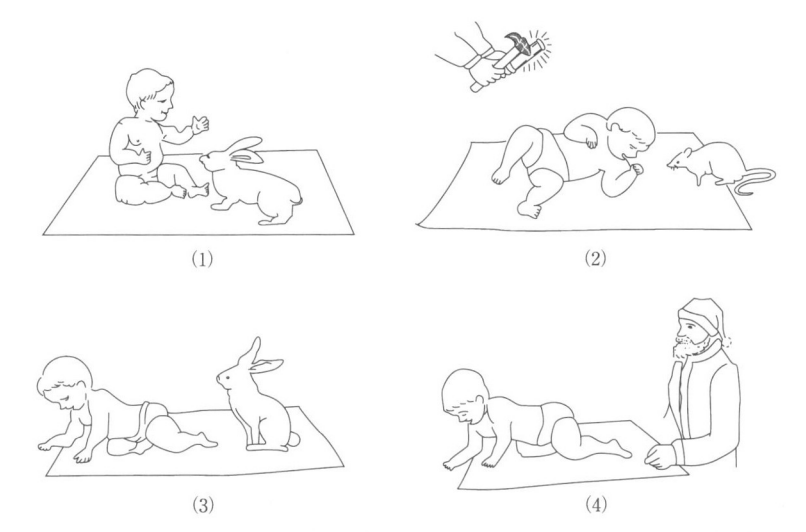

(1) 乳児は白ネズミ、白ウサギ、毛皮、綿、毛髪、サンタクロースのお面には恐怖を示さない。
(2) 白ネズミを見せると同時に大きな金属音を聞かせる。
(3) 白ネズミを見せると逃げてしまうが、白ウサギに対しても同様であった。
(4) 毛皮、サンタクロースのお面に対しても顕著な恐怖反応を示した。

図 2-8　恐怖の条件づけ

出所) Watson and Rayner, 1920

　金属音が鳴らされなくても、白ネズミを提示しただけで、その乳児は恐怖感を示すようになった。つまり古典的条件づけによって、最初は恐怖感を持っていなかった対象に対して、恐怖感を抱くようになったのである。さらに、白いネズミやウサギだけではなく、白いネズミや白いウサギのお面をかぶった人が近づいても、恐怖を示すようになった。般化が生じたことになる。
　この結果は、人を対象として古典的条件づけで学習を成立させることができるということ、また最初は興味を感じている対象に古典的条件づけの手続きで恐怖感、不快感を形成することが可能であることを示したことになる。ある対象に対する好き、嫌いといった情動反応、さらにはそれにともなう生理的反応も、この手続きで形成されることを示すものである。古典的条件づけによって説明される学習の過程は、生死に影響するような原初的な学習に

大きく影響することがわかる。例えばステーキを食べた後で吐き気を催すと、その後、ステーキのにおいをかいだだけでも気分が悪くなることがある。味覚刺激が有害な反応を引き起こす刺激と対にして提示されると、その味覚刺激を嫌うようになるという味覚嫌悪条件づけは、容易に成立する。これをガルシア効果という。

(2) 道具的条件づけ

1) 道具的条件づけの成立過程

ソーンダイク（Thorndike, E. L.）は、問題箱という箱の中に空腹のネコを入れて、箱の外にえさを置き、ネコの行動を観察した。箱の中には輪が下げられており、それを引けば扉が開くようになっている。最初ネコはさまざまな行動をするが、偶然輪を引いて扉を開けて外に出て、えさを獲得することができるようになる。その時点で再度、ネコは問題箱の中に戻される。これを繰り返すと、問題箱の中に入れられたネコは、次第に無駄な反応が少なくなり、素早く輪を引くことができるようになった。このように、特定の反応

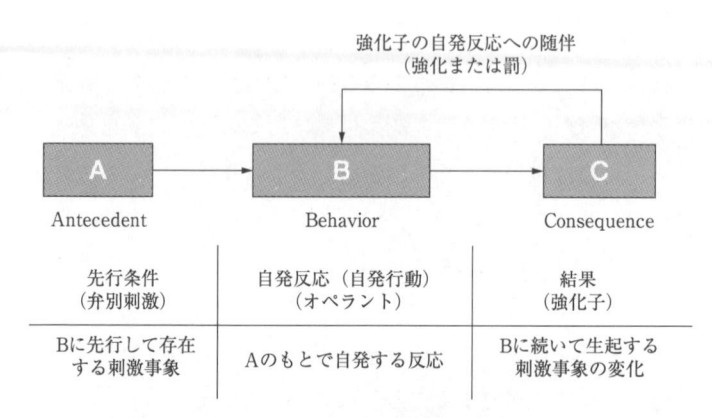

	強化子の自発反応への随伴 （強化または罰）	
A Antecedent	B Behavior	C Consequence
先行条件 （弁別刺激）	自発反応（自発行動） （オペラント）	結果 （強化子）
Bに先行して存在 する刺激事象	Aのもとで自発する反応	Bに続いて生起する 刺激事象の変化

注）ある状況（A）のもとで、ある行動（B）が行われるとき、それに続いて発生する出来事（C）は、次に同じ事象（A）にあるときに、その行動（B）の出現可能性を促進したり抑制したりする。

図 2-9　オペラント条件づけの図式

くなってくる。ネズミは、バーを押すことでえさという報酬が与えられ、バーを押すという行動と、えさという報酬との間の随伴性を学び、バーを押すという行動の生起確率が高くなったと説明された。このとき、えさという報酬、つまり条件刺激と、バーを押すという行動、つまり条件反応、との連合が強められたことになる。これを強化といい、えさという報酬を強化因子という。

さて、望ましい反応が生じる確率を高める手続きを正の強化、望ましくない反応が生じる確率を低下させる手続きを負の強化という。報酬だけではなく、不快な経験や罰によっても、学習を成立させることができるのである。

条件づけが成立した後、バーを押してもえさを与えない、つまり報酬を与えないと、ネズミのバー押し行動は頻度が低くなり、バー押し行動が生じなくなる。これによって、バー押しという行動と報酬との随伴性がなくなり、バーを押すという行動が消去される。それは同時に、バー押しという行動は報酬を得られないということを新しく学習することでもある。

スキナーは、反応を生じさせる刺激は、どのような反応をすれば強化を得られるかを知る手がかりであり、弁別刺激になるという。それは、先行する刺激が次に生じる自発的反応を制御するという意味であり、刺激制御という。

刺激制御を効果的に行うためには、どのような刺激に対して、どのような反応が最も望ましいかを明確にする必要がある。従って、強化は反応の直後に与えられることが必要である。子どもが行儀の悪い行動をとったとき、その場で叱られる方が後で叱られるよりもなぜ叱られるのかの意図が明確になるであろう。しかし実際の生活の中では、何が反応を強化しているのかが不明確な場合が多い。意図的なほめ言葉や叱り言葉だけではなくそのときの表情やしぐさなどが、その行動の是認または否定のサインとして作用する場合もある。また強化因子として与えられる報酬を得るために、表面的に反応を生じさせてみせる場合もある。泣いている子どもをおとなしくさせるためにお菓子をあげると、子どもは泣いてみせればお菓子がもらえることを学習する場合もある。

が起きると報酬または罰を与えることで、その反応が自発的に生じる確率を高めたり低めたりする手続きを、道具的条件づけ、またはオペラント条件づけという（図2-9）。ソーンダイクは、ある刺激にある反応が生じて、それが報酬または罰をともなうことが繰り返されることで、刺激と反応間の結合が強められたと説明した。これを効果の法則という。

ハル（Hull, C. L.）は、そもそも反応が自発的に生じるためには、反応へと駆り立てる力、動因が必要であるという。ネコは空腹という動因が生じた状態で問題箱に入った。従って、空腹という動因を低減することが、その前後の刺激と反応の結合を強化すると考えた。一方、プリマック（Premack, A. J.）は、空腹なネコは、箱の外に出るという行動よりも、えさを食べるという行動が出現する頻度が高いだろう、つまり空腹感を満足することではなく、食べるという行動そのものが強化子となるという。ネコにとっては、えさを食べるという行動の方が、輪を引いて外に出るという行動よりも出現頻度が高いために、前者が後者の強化子となった、と説明するのである。これをプリマックの原理という。例えば教室内で頻繁に走り回ることが多く、静かに座って読書することが少ない児童に対して、走ることを叱るのではなく、走った後静かに読書した場合にほめることが、読書をする回数を増加させることが予想できる。

2）行動の刺激制御

スキナー（Skinner, B. F.）は、スキナー・ボックスと呼ばれる実験装置を用いて、ハトやネズミを対象として、道具的条件づけの成立過程を研究した。

バーを押すとえさが出てくる仕組みのスキナー・ボックスに、空腹のネズミを入れる。最初は、空腹という動因を満足させるために、ネズミはスキナー・ボックスの中で動き回っている。そして偶然、バーに体が触れてえさが出ると、空腹が満足されることになる。

最初は、バーを押すことと、えさが出てくることとの関係には気がつかないが、何回か繰り返すことによって、バーを押すとえさを獲得することができる、という関係に気付くようになる。するとネズミはバーを押す頻度が高

遊んだ後におもちゃを片づけるという習慣をつけさせようとするとき、最初は片づけができるごとにほめたりごほうびを与えることがある。これを連続強化という。しかし強化を毎回与えると、当人は飽和状態になるので、次第に3回に1回、5回に1回というように間隔をあけて与えることになる。これを部分強化という。このように強化の与え方、強化スケジュールによって行動が顕著に変化することが明らかとなっている。強化の与え方は、全体の行動数に対しての割合で部分強化する場合もあれば、時間間隔によって与える場合、反応率によって与える場合などがある（図2-10）。連続強化と部分強化とでは、強化回数は連続強化の方が多くなり、反応する傾向は強くなると考えられる。しかし消去の過程では、部分強化の方が消去抵抗が高くなることが明らかにされている。

　道具的条件づけも古典的条件づけも、刺激と反応との間に連合ができることは同じである。古典的条件づけが、条件刺激と無条件刺激を対にして提示

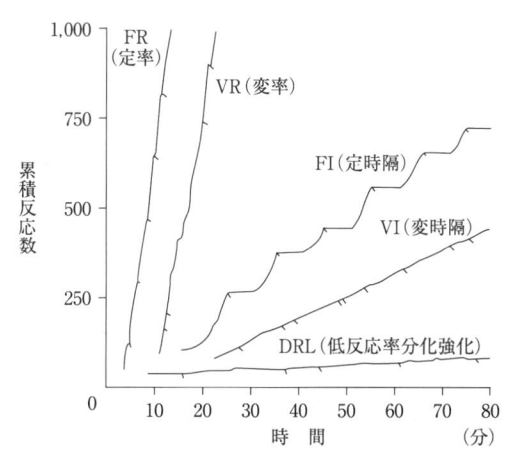

注）FR、VRでは高頻度で反応が出現する。FRでは、強化直後に一時的な反応の休止が生じ、その後に休みなく強化まで反応が続き、VRでは休みなく続く。FI、VIでは高頻度の反応出現はみられない。FIでは、比較的長い休止が強化後に生じ、次の強化が近くなると反応が加速的に増えていく。VIではゆるやかな勾配で反応が続く。DRLでは一定時間反応しないことが要求されており頻度は非常に低い。

図2-10　スキナー・ボックスのキー押し反応の累積記録
　　　出所）Skinner, 1961

するのに比べて、道具的条件づけは、一定の反応に対して報酬を与えることによって、連合を強化することになる。古典的条件づけと道具的条件づけにおいては、学習とは刺激と反応の連合が形成されることであると定義することができる。

3) 罰の効果

　条件づけが成立している行動を、罰によって発現させなくさせることができる。レバーを押すとえさではなく、罰として電気ショックや痛みなど不快な経験を与えると、レバー押し行動はその頻度が低くなり、消滅する。レバーを押してもえさが与えられないことによって、レバー押しとえさとの随伴性がなくなり、逆にレバー押しと痛みとの随伴性が認知されて、レバー押し行動は消滅するのである。

　確かに消去の手続きと罰を与えることによる手続きとでは、レバー押し行動が生起しなくなる点では同じ結果を得ることができる。消去による手続きでは、レバー押し行動と報酬との随伴性がなくなることによって、レバー押し行動は消去される。しかし罰による手続きでは、行動が生起しなくなった後でも、罰が与えられなくなると、再び行動が発現することがある。罰による手続きでは行動が消滅したのではなく、罰が与えられている間は行動が実行されないだけである、といえる。

　スキナーは、罰による行動の消滅過程について、次のような実験を行っている。ネズミにレバー押し行動を学習させた後で、レバーを押してもえさが出ない群と、レバーを押すと前足が殴打される群とに分けた。前者は消去の手続きを行った群になり、後者は学習された行動を起こすと苦痛という罰が与えられる群になる。前者は、1日目、2日目とレバーを押してもえさが出ないという条件であった。後者は、1日目はレバーを押すと前足を打たれるという罰が与えられたが、2日目はレバーを押しても、えさも出ず、罰も与えられなかった。両群とも、2日目は同じ条件となる。その結果、消去群は1日目、2日目と次第にレバー押し行動の頻度が低下していった。しかし罰群は、1日目はレバー押し行動が減少するが、2日目にレバーを押しても罰

が与えられなくなると、レバー押し行動が再度生じるようになった。罰群では、一度罰によって行動が消滅したとしても、それは表面的に行動が出現しないだけで、罰がなくなると行動は出現するために、行動そのものは学習された状態であることが示されたことになる。

　罰を用いて行動を消滅させようとしたり、行動を変容させようとする手続きでは、その結果は、表面的な行動の変容や消滅である可能性が高いことになる。罰は、痛みや屈辱感、不快感をともなう手続きであり、それが人の情緒的側面に与える影響を重視しなければならないだろう。

(3) 観察学習

　古典的条件づけ、道具的条件づけは、学習が成立する基礎として、自らの経験を重視する。しかし、自らの経験だけでは非常に限定されてしまうとともに、自らの経験によらなくても、他者を観察することによって学習することもある。他者が叱られているところやほめられているところを観察して、自分はそのような行動をしないようにしよう、またはしてみようとすることもある。

　バンデュラ（Bandura, A.）は、他者の行動をモデルとして観察することで観察者が行動を変化させる現象を、モデリングと呼んだ。バンデュラらは、大人がおもちゃの人形を叩いたり蹴ったりする行動を幼児に見せた。その際、実際に大人が行うところを見る場合、ビデオで撮影された同じ行動を見る場合、アニメーションによって動物の主人公が同じ行動をするのを見る場合、何も見ない場合、のグループに分けた。幼児たちは、あらかじめ普段の行動の中でどれだけ乱暴な行動や攻撃行動が認められるのかが評定されていた。そして、幼児たちがおもちゃで遊んでいるときに大人がそのおもちゃを取り上げて、幼児たちがそのときにどのような行動をとるのか、が指標にされた。

　その結果、表2-3に示されるように何も見ていないグループと比べると他のグループの幼児たちは、攻撃的な言動の頻度が高くなった。これは、「観察」することによって攻撃的な言動が多くなることを示しており、攻撃的な

表 2-3　攻撃行動の観察学習の結果

さまざまなタイプのモデルの攻撃行動を見た後の子どもの攻撃行動の出現頻度。統制群に比べて、いずれも攻撃行動の出現頻度が高い。モデル、観察者の男女差がみられる。

反応カテゴリー		実験群(モデル観察群)					統計群
		実際のモデル		ビデオ撮影のモデル		まんがフィルムのモデル	観察なし群
		女性	男性	女性	男性		
攻撃行動総計	女	65.8	57.3	87.0	79.5	80.9	36.4
	男	76.8	131.8	114.5	85.0	117.2	72.2
模倣的攻撃	女	19.2	9.2	10.0	8.0	7.8	1.8
	男	18.4	38.4	34.3	13.3	16.2	3.9
木づちで攻撃	女	17.2	18.7	49.2	19.5	36.8	13.1
	男	15.5	28.8	20.5	16.3	12.5	13.5
風船の上にまたがる(注)	女	10.4	5.6	10.3	4.5	15.3	3.3
	男	1.3	0.7	7.7	0.0	5.6	0.6
非模倣的攻撃	女	27.6	24.9	24.0	34.3	27.5	17.8
	男	35.5	48.6	46.8	31.8	71.8	40.4
攻撃的な武器の遊び	女	1.8	4.5	3.8	17.6	8.8	3.7
	男	7.3	15.9	12.8	23.7	16.6	14.3

注) この行動は攻撃行動とはしなかった。
出所) Bandura, Ross, D. and Ross, S. A., 1963

言動を学習した結果といえる。これらの結果は、大人はもちろんのこと、テレビやゲームなど子どもの周りの環境が、子どもの攻撃的言動の形成に与える影響が大きいことを示している。

　条件づけによる学習の成立過程は、罰や報酬などの環境の側からの外的強化が重要である。一方、モデリングによる観察学習も、強化が重要である。他者がとった行動が好ましい結果をもたらしたり、好ましくない結果をもたらしたりすることを観察することによって、行動を習得するからである。このように他者が強化を受けることで本人の学習が成立することを、代理強化という。さらに、自分自身で決定する自己強化も重要である。これはセルフエフィカシー、自己効力感という。人の行動は、「できる」という効力予期と、行動の結果の予期の2つの認知によってさまざまに形成されるという（図2-11）。

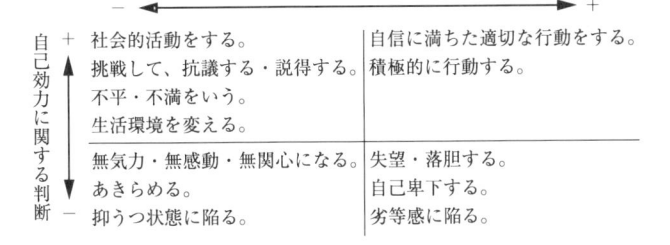

```
                    行動の結果に関する判断
              − ←──────────────────→ +

自  +  社会的活動をする。          │ 自信に満ちた適切な行動をする。
己     挑戦して、抗議する・説得する。│ 積極的に行動する。
効     不平・不満をいう。          │
力     生活環境を変える。          │
に     ─────────────────────────┼─────────────────────────
関     無気力・無感動・無関心になる。│ 失望・落胆する。
す     あきらめる。                │ 自己卑下する。
る     抑うつ状態に陥る。          │ 劣等感に陥る。
判  −
断
```

図 2-11 効力予期と結果予期がもたらす情動と行動
出所) Bandura, 1982

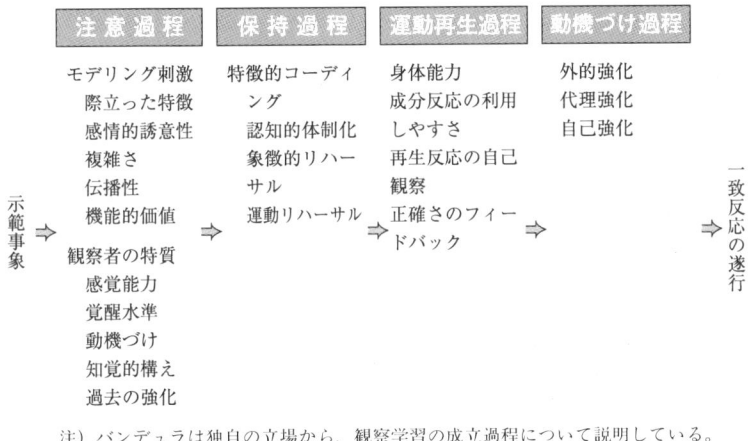

注意過程	保持過程	運動再生過程	動機づけ過程
モデリング刺激 　際立った特徴 　感情的誘意性 　複雑さ 　伝播性 　機能的価値 観察者の特質 　感覚能力 　覚醒水準 　動機づけ 　知覚的構え 　過去の強化	特徴的コーディング 認知的体制化 象徴的リハーサル 運動リハーサル	身体能力 成分反応の利用しやすさ 再生反応の自己観察 正確さのフィードバック	外的強化 代理強化 自己強化

示範事象 ⇒ ⇒ ⇒ ⇒ 一致反応の遂行

注) バンデュラは独自の立場から、観察学習の成立過程について説明している。これを社会的学習理論と称している。

図 2-12 観察学習の成立過程における社会的学習理論
出所) Bandura, 1971

　さらにバンデュラは、強化以外に、注意の過程、保持の過程、運動再生の過程、強化と動機づけの過程、という4つの過程の重要性を示している。注意の過程は、モデルの行動の重要な特徴に注意し、認識することである。そして保持の過程では、モデルが現存しなくても、知識としてモデルの行動やその結果が保持される過程である。そしてそれをもとに、自分が実際行動する際のリハーサルが行われることになる。次に運動再生過程となり、記憶さ

第2章 学　習

れたものを実際の自分の反応や行動として再生する。そして行動を遂行するかどうかを決定する動機づけの過程となる。報酬や罰は動機づけの過程に影響すると考えられる。

　観察学習によって、観察した他者の行動が全てそのまま直接的に模倣されるようになるのではない。さまざまな行動を断片的に組み合わせたり、他者が発言している考え方や意見などを含めて、その状況で適切だと考える行動を実行するようになる。また模倣する他者とは、本人にとって親しみがあったり、理想の人であることが多い。そしてその他者は、発達とともに変化し、実際の人物でない場合や接触できない人である場合も出現するようになる。このようにして、道徳や規範、行動基準の習得が行われていくことになる。

(4)　認知学習

　トールマン（Tolman, E. C.）らは、ネズミを対象として迷路を抜け出すことを学習する過程を研究した。まず、ネズミが途中で迷わずに出口に達することができるまで訓練した。その後、ネズミを別の迷路に移して、迷路の脱出過程を検討した。ネズミは最初、訓練したとおりに出発地点から直線的に進んだが、今度は訓練の迷路と異なるために、ある地点で突き当たりそれ以上は直進できなくなる。そこで、その後ネズミが新しい迷路のどのコースを選択するのかを測定した。事前の訓練で条件づけられて学習を成立したのならば、般化によって訓練時に条件づけられたコースに近いコースを選択することが予想される。しかし結果は、訓練時の迷路において目標であったえさが存在する方向に向かうコースを選択する割合が高かったのである。この結果についてトールマンらは、ネズミは訓練期間に、えさがどの方向にあるのかという目標の空間的位置関係をも学習していた、と説明した。

　また、ケーラー（Köhler, W.）は、チンパンジーを対象にして実験を行った（図 2-13）。例えばチンパンジーを檻に入れて、檻の外の手の届かないところにバナナを置いた。檻の中には短い棒だけがあり、その棒だけではバナナまでの距離に届かないため、短い棒でバナナを取ることはできない。一方、

1本の棒では届かない所に食物を置いておく。太い方の棒の端に穴をあけておくと、チンパンジーはしばらくしてから2本の棒をつないで檻の外へ食物を引き寄せる。

図2-13　洞察学習の例
出所）Köhler, 1924

長い棒が檻の外にある。チンパンジーは、試行錯誤ではなく突然に、短い棒でまず長い棒を取り寄せて、その長い棒を使ってバナナを手に入れることに成功した。このときのチンパンジーは、バナナを手に入れることを条件づけによって学習したのではない。短い棒だけではバナナに届かないこと、長い棒ならばバナナに届くこと、短い棒を利用して長い棒を手元に取り寄せること、に気づいたのである。ケーラーは、チンパンジーは、その場の仕組みを理解して見通しをつけて、突然のひらめき、洞察によって学習したのだと説明した。

　学習は、行動の目標や既存の知識に即して、経験を知識として整理して蓄えて、新しく知識体系を構築する過程となる。つまり、われわれの内部で生じる知識構造の変化と捉えられるのである。

(5)　さまざまな学習観

1）連合理論と認知理論

　従来さまざまな立場から学習の過程が述べられてきたが、何を「学習」す

るかという点からこれらの立場を捉え直すことができる。

　連合理論によると、学習は経験の結果生じる比較的永続的な行動の変化、と定義する。この定義には次の特徴が認められる。まず学習は「観察可能な行動の変化」を指標とする点である。学習が成立するということは、すなわち観察可能な形で行動上に変化が認められなければならない。次に、「経験の結果」として行動上の変化が現れなければ学習が成立したとは認められないということである。発達の過程で、成熟の結果として行動に変化が認められたとしても、学習とは認めない。さらに「比較的永続的な行動上の変化」が生じることが学習の成立と見なされることである。つまり学習の効果が1回だけ行動に影響するのではなく、永続的に影響しなければならないのである。

　また学習は、刺激と反応の連合として捉えられ、連合は条件づけによって形成されると考えられる。人の高度な学習も、刺激と反応の連合の形成として成立するために、行動が刺激と反応の各要素に還元されることになる。確かに幼児がほめられたり叱られたりしながら、一定の行動を形成していく場合がある。しかし、高度で複雑な思考を必要とする人の学習成立には、条件づけだけでは説明できない側面がある。

　一方、認知理論は学習を新しい知識を獲得することとする。学習つまり知識の獲得は、知識の量が増加するだけではなく、知識の構造自体が変化することも含んでいる。つまり、問題場面の全体構造の理解や、洞察などの能動的な認知的活動を学習とするのである。

　すると、連合理論と認知理論とでは、学習について次のような点で異なることになる。まず、連合理論では、刺激と反応の連合が学習の中心であり、行動は刺激と連合の要素に分解されると考える。しかし認知理論では、問題解決場面の全体の構造の把握、洞察という全体性が重視されるのである。また連合理論では、刺激に対して適切な反応、行動が出現することが重視され、「できること」が問題とされる。一方認知理論では、洞察のように「わかること」が問題とされる。従って連合理論では、学習は段階的に時間的過程と

表 2-4　連合理論と認知理論

特徴＼理論	連合理論	認知理論
学習観	身体で覚えるもの 練習の繰り返し (指導者主導型)	環境への関わり方の重要性 ものの見方（認知）の変化 (その個人の環境への意味づけ)
人間観	環境（指導者）に反応 する存在 "鍛えがいのある人間"	"考え・感じる存在"
指導方法	"与えることを主眼とした教育" 厳密・体系的に統制された教材 教育環境づくりに努力 指導者主導型	児童・生徒の主体性の重視 創造・発見の重要性 その過程を見守り援助 "育てる教育"
代表的な 指導方法	ドリル学習・ プログラム学習 有意味受容学習	発見学習 仮説実験授業 プロジェクト法（課題研究）
教育観	精神測定的教育観 ①学習で修得されたもの 　量的＞質的 ②受動的姿勢の要求（評価） "素直で努力を惜しまない子" ③学習の経過＜結果の重視	発達的教育観 ①学習で修得されたもの 　量的＜質的 ②能動的姿勢の重視（評価） "自分を主張できる子" ③経過の重視＞結果
（参）	演繹法（Deductive） (一般原理→個々の事実)	帰納法（Inductive） (個々の具体的事例 　→一般命題・法則)

ともに成立すると考えられる。しかし認知理論では、一瞬にして学習が成立する可能性がある。また連合理論では、刺激と反応の連合が形成されるために強化と強化因子が必要とされるが、認知理論では、知識の獲得に向けての知的興味や、やる気などが重要となる。

学習は、反応や行動以外にも、記憶、推論、理解、意思決定、問題解決などが対象となり、そこには複雑で多様な人の認知過程が関わることになる（表2-4）。

2) 転　　移

以前に学習したことが、後の学習を推進すること、または後の学習を妨害することがある。前者を正の転移、後者を負の転移という。この過程を、オ

ズグッド（Osgood, P.）は技能の学習について説明をしている。それは、課題、刺激の類似性と反応の類似性とに分けて、その類似度の組み合わせから、正負の転移が生じることを説明したものである。これを転移逆行局面という。例えば課題、刺激が同じで、反応も同じであれば、正の転移が認められる。しかし課題が同一で反応が拮抗する場合には、負の転移が生じることになる。

これに対して、正の転移が生じるためには、学習の要素の類似性ではなく、前後の学習に共通する一般的原理や学習方法を学習することだという考え方がある。同じような課題に多く取り組むことによって、一般的な学習の方法つまり学習の構えを習得し、それが正の転移につながるというのである。

正の転移が、学習要素の共通性であるという立場に立てば、そもそも学習要素が何であるかということが問題となる。学習要素を分解することによって、例えば高度に複雑な学習においても、その過程を簡単な学習要素から複雑な学習要素にまで分解して、段階的に各要素を並べて配置して学習させることが最も効果的となるであろう。一方、正の転移が一般的な学習方法を習

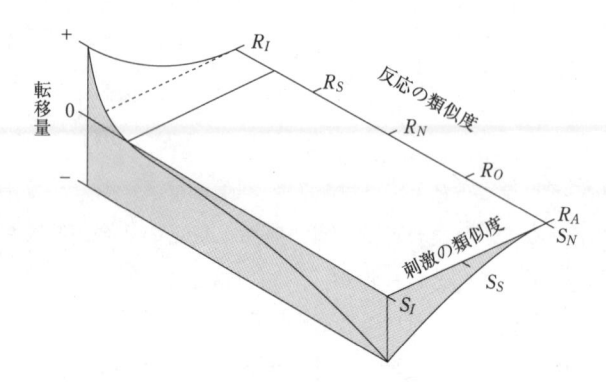

注）技能学習は刺激と反応の連合であると考えて、正・負の転移を原学習と後学習における刺激の類似度と反応の組み合わせによって説明する。$S_I → S_S → S_N$の順で刺激の類似が小となり、$R_I → R_S → R_N → R_O → R_A$の順に反応の類似度が小となる。$S_I - R_I$の場合は正の転移が最大となり、$S_I - R_A$の場合に負の転移が最大となる。

図 2-14　オズグッドの転移の理論

出所）Osgood, 1949

得することであれば、学習の過程で学習の仕方を覚えることが重要になる。従って、自らが学習方法を習得することを環境側の要因がいかに支援するかが重要になる。

　これらをまとめると、転移を促進するための条件として次のような点が重要となるであろう。まず現在の学習場面と将来の応用場面との間に類似性を高めることである。次に、新しい概念や知識を学習する際には、既存の概念や知識との関連性の中で学習することである。また、基本原理を自ら理解する力を持つこと、そしてどのように学習することが効果的かという学習の方法を学習することであろう。

3　学習指導法

(1)　発見学習

　実際の授業に際して行われている学習指導を大別すると、一斉学習、グループ学習、個別学習に大別できる。一斉学習は、教師が生徒全員に対して一斉に授業を行うという形式であり、一般的に行われている。グループ学習は、生徒を小集団に分けて、グループごとに討議したり実習するという形式である。また個別学習は、例えばコンピュータに支援されながら学習するときのように、個人が1人で考えたり問題を解くという形式である。これらの学習の形式は、1回の授業の中で1種類だけで行われる場合もあれば、複数を組み合わせて行われる場合もある。その指導形態の中で、発見学習という指導方法がとられることがある。

　ブルーナー（Bruner, J.S.）は、「科学の知識が発見され、生成された過程を、学習者に再体験させるならば、問題解決に役立つ応用可能な知識となる」と考えて、発見学習を提唱した。

　例えば、「三角形の内角の和は180度である」という命題を教える場合を考える。導入として、まず最初に三角形の3つの内角を測定してその和を計

算させたり、実際に3つの角を切り取って並べると直線になることを経験させる、という方法が考えられるだろう。その後で、三角形の内角の和が何度になるのか予想をさせて、その予想の理由を聞いたり、他の予想をした生徒と討論をさせることもあるだろう。そして最後に正解を確かめるという展開となる。

　ブルーナーは、「三角形の内角の和は180度である」という命題を、学習者自身に発見させることが重要であるという。そのために彼は、数種類の三角形の内角の和を実際に確かめることから始めて、学習者がそこから仮説を導き、それを検証して、結論を得る、という展開を提案している。

　発見学習による授業は、学習者に問題解決能力を身に付けさせて、学習内容を保持させるという利点や、学習者が学習への内発的動機づけを高めるという利点が考えられる。しかし、全ての学習課題において発見学習が適しているとはいえない。また、学習者の学習内容の理解までの時間がかかるという問題もある。

(2)　受 容 学 習

　受容学習においては、「三角形の内角の和は180度である」という命題を教える場合、最初に命題を与えて、その後命題が正しいかどうかを、数種類の三角形で確認させるという展開になる。そこでは学習者は受動的態度で学習することになる。発見学習と対照的なこの授業方法は、一般的な授業形態として学校教育において多く取り入れられている。そしてその展開は、概念やルールの説明を言語的提示方法によって行うことになる。従って、学習者の言語的、概念的能力が発達して、論理的思考が可能になればそれだけ有効な授業法となる。しかし、学習者の動機づけを維持するために、内容を理解しやすく工夫する必要がある。

　オースベル（Ausubel, D. P.）は発見学習と受容学習という観点に加えて、授業内容として、機械的学習と有意味学習という観点を導入するべきだと主張した。機械的学習とは、英単語や歴史の年代を暗記するといったように、

理解やその意味を考える必要のない学習である。有意味学習とは、機械的に学習するものではなく、概念や文章の理解をするという学習である。つまり、発見学習と受容学習、機械的学習と有意味学習、の2次元で4種類の教授法を想定した。その中でオースベルは、有意味受容学習が最も重要な教授法であるとしたのである。

有意味受容学習を促進するものに、先行オーガナイザーがある。これは、新しい情報が既存の知識の中に取り入れられて関連づけられるときの、つなぎの役目をするものである。新しく学習する内容が既存の知識構造へと組み込まれていく過程のことを、包摂作用という。この包摂作用をスムーズに進めるために、学習者にあらかじめ枠組みや情報を提供しておくことが必要である。これを、先行オーガナイザーという。学習者は先行オーガナイザーを使用して、例えば既存の知識と新しい情報とを比較したり、新しい情報をどのように位置づけるかといった処理が容易になるのである。

(3) 適性処遇交互作用

クロンバック (Cronbach, L. J.) は、学習の結果は、学習者が持っている適性や特性と、学習者に与えられる学習指導方法の交互作用の結果である、という適性処遇交互作用 (aptitude treatment interaction) を提唱した。

クロンバックらは、大学生を対象として、彼らの対人積極性や責任感などに関する適性検査を行い、2つのグループに種類の異なる授業方法で授業を行った。一方は通常の講義形態で授業が行われ、他方は映像を使用した授業形態であった。両グループとも、毎回授業の終了時にテストを行い、彼らの成績とした。この成績を2つのグループの授業形態の差で比較すると、両グループ間にはほぼ差がなかった。そこで、適性検査の結果、例えば対人積極性の高低といった個人差を加えて、授業形態による差とともに成績を比較した。その結果、講義形式の授業形態の時には、対人積極性が高い人が低い人よりも成績が良く、映像による授業形態のときには、対人積極性が低い人が高い人よりも成績が良くなった。つまり、学習者がもつ個人的能力、特性の

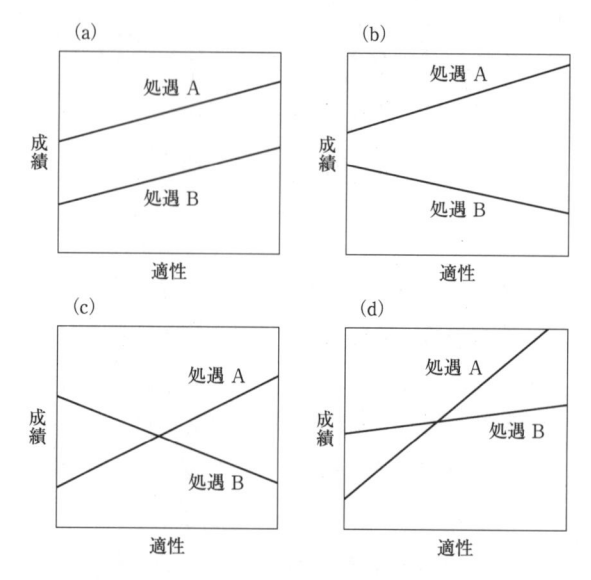

効果 (a) は交互作用なし、(b)〜(d) は交互作用ありの場合を図式化したものである。(c) や (d) のような場合は、適性に応じて教育方法を変えることによって全体として高い効果を得ることができる。

図 2-15　適性（学習者特性）と処遇（教育方法）が成績におよぼす効果の例

特徴によって、有効な教授形態が異なるということである。個人の適性や特性に応じた授業方法を取り入れて、学習者個人の能力を最大限に引き出すという教授法を、集団教育という場で考慮して行うことは難しい。しかし集団教育以外の教育場面の存在が拡大する状況において、個人の特性に合わせて、その個人に適した教授法を取り入れて、学習場面を設定することが重要になるだろう。

(4) 自己学習力とその育成

自己学習力とは、学習者が自ら目標を設定して、計画を立てて実行し、結果を自己評価に取り入れていくという主体的学習の力である。そこには、例えば自分が何をどれほど知っているのかを知っていること、今自分がどれほ

COLUMN 4

授業はよい畑をつくる作業である

神奈川県私立高等学校　K．M．

　人数の多い一斉授業のなかで生徒一人ひとりを活かすには、そのクラスの雰囲気や環境づくりが欠かせない。

　私の勤務する高校は、いわゆる私立の進学校で、英数国理の授業では能力別授業を行い、年4回の考査ごとにクラスのメンバーの入れ替えが行われる。私の担当する公民科（および地歴科）は能力別授業が採用されておらず、それゆえに生徒の授業軽視が少なからずあるように感じる。さらにクラス50人という生徒数は、授業のやりづらさに拍車をかけているし、最近、反応を示さない「無表情」な生徒が、以前より増えているように感じる。

　このような現状の中で、生徒の個性を引き出し、能力を育てることは簡単ではない。しかし、私はあまり難しく考えないようにしている。生徒の能力や個性を無理に引き出そうとするのではなく、それが自然にあらわれるような環境を、授業の中でつくっていくことが大切だと思う。授業は「よい畑をつくる」作業である。生徒という種が順調に育つように、土地を耕し（反応・関心を掘り起こす）、時に肥料を撒き、よい土壌（雰囲気）をつくるのである。そのためには、生徒からの信頼は必要不可欠であり、教師はそのための努力を怠ってはならない。

　私の授業の中で、生徒に話す体験談は、授業に欠かせない大切な要素となっている。例えば、学生時代に所属していた格闘技系のクラブの体験談などを話すこともあるし、労働の権利や現状を勉強するときに多種多様なアルバイトの経験を話すこともある。当然よい経験もあれば、悪い経験もあるが、どちらも生徒の興味や関心を引き出し、その中から教師としての私に信頼を寄せてくれる生徒も出てくる。それまで学校生活が退屈で反抗的な態度をとっていた生徒が、私がする格闘技の話に興味を持ち、授業外でも話しかけてくるようになり、コミュニケーションをとるうちに自分の進む道を見つけ、今では弁護士を目指して頑張っているなどということもある。私は、体験談は授業で生徒を育てるよい"肥料"となるのではないかと思って語る。もちろん肥料を蒔くときは、環境、内容、タイミングを考えて行うことが大切であるが。

　教師生活も18年目となるが、うまくいったと納得できる授業のほうが少なく、現実はなかなか厳しい。それでも理想を捨てず、50人の生徒を相手に個を活かしよい授業になるよう奮闘している毎日である。

どわかっているのかがわかること、後で思い出すためにはどのように記憶すればよいのかを知っていること、など自分の認知過程をモニターしてコントロールする力が必要になる。自己学習力と類似の概念に、自己教育力、自己統制力、などがある。

　自己学習力は、教育の個性化の視点から、さまざまな価値観や目的を持つ学習者が、個々にその自己実現を図るために必要となるものである。また、単に学校という場だけではなく、学習の機会が学習者の生涯を通じて増えていることを考えると、主体的に学ぼうとするときに必要になる力である。そのため、自己学習力を養うためにはどのようにすればよいのかを考慮することが必要となる。しかし、自己学習力の育成については、いまだにさまざまな困難な問題を含んでいる。

　まず学習環境をどのように整えるのかである。学習者自らが自由に時間と場所を設定して、自らの課題に応じた学習材料を利用する環境が必要である。そのため、個人に合わせた学習環境の設定が必要となる。また、学習者が自らの問題に基づいて課題をこなしていくのだが、どのような課題設定をするのか、どのような問を発するのか、学習への意欲を高める課題設定をいかに導くのかが問題になるであろう。さらに、基本的な学習方法を身に付けさせた上で、自立的な学習を進めることを可能にするような授業方法を導入することが望まれるであろう。基本的な学習方法が身に付いていなければ、一生懸命勉強しても学力向上に結びつかず、それが学習意欲の減退につながるのである。

　学習には個人差が大きく現れる。その個人差を特性的側面と環境的側面から捉えて、能動的な個人の学習を支援し、自己学習力を引き出すための教授法の確立が必要となる。

参考文献
市川伸一　1995『学習と教育の心理学』岩波書店
山内光哉・春木豊編著　2001『学習心理学』サイエンス社
大村彰道編　1996『教育心理学Ⅰ・Ⅱ』東京大学出版会

引用文献

鎌原雅彦・樋口一辰・清水直治 1982「Locus of control 尺度の作成と信頼性、妥当性の検討」『教育心理学研究』30、pp. 302-307

ヴァツーロ著、住 宏平訳 1963『パヴロフ学説入門』明治図書

Atkinson, J. W. and Litwin, G. E., 1960, Achievement motive and test anxiety conceived as motive to approach success and motive to avoid failure. *Journal Abnormal Psychology*, 60, pp. 52-63.

Bandura, A., 1971, *Psychological modeling : Conflicting Theories*. (原野広太郎・福島脩美共訳 1975『モデリングの心理学』金子書房)

Bandura, A., 1982, Self efficacy mechanism in human agency. *American Psychologist*, 37, pp. 122-147.

Bandura, A., Ross, D. and Ross, S. A., 1963, Initiation of film-mediated aggressive models. *Journal of Abnormal and Social Psychology*, 66, pp. 3-11.

Deci, E. L., 1971, Effects of externally mediated rewards on intrinsic motivation. *Journal of Personality and Social Psychology*, 18, pp. 105-115.

Dweck, C. S., 1975, The role of expectations and attributions in the alleviation of learned helplessness, *Journal of Personality and Social Psychology*, 31, pp. 674-685.

Elliot, A. and Dweck, C. S., 1988, Goals : An approach to motivation and achievement. *Journal of Personality and Social Psychology*, 54, pp. 5-12.

Köhler, W., 1924, *Intelligenzprufüngen an Menschenaffen*. (宮 孝一訳 1962『類人猿の智慧試験』岩波書店)

Osgood, C. E., 1949, The similarity paradox in human learning : A resolution. *Psychological Review*, 56, pp. 132-143.

Skinner, B. F., 1961, Teaching machines. *Scientific American*, 205, pp. 90-102.

Watson, J. B. and Rayner, R., 1920, Conditioned emotional reactions. *Journal of Experimental Psychology*, 39, pp. 1-14.

Weiner, B., 1979, A theory of motivation for some classroom. *Journal of Educational Psychology*, 71, pp. 3-25.

第 3 章

学 級 集 団

●本章のねらい

　学校教育の中では、教育目標を達成するために、同じ発達段階にある子どもを集めて学級集団を形成し、その学級を通して、教育活動が行われる。学級では、集団の影響力を利用して、教科学習や社会性の育成が行われてきた。しかし、近年、科目により習熟度別クラスや小集団学級などが導入され、注目をあびている。また、学級崩壊やいじめなど学級集団が抱える問題もある。

　児童生徒は1日の大半を学校で生活することになるので、学級における人間関係は児童生徒の発達に重大な影響を与える。学級における人間関係は、教師との関係と仲間との関係に大別される。それぞれの人間関係の影響を概説する。特に、青年期以降は、仲間との関係の重要性が強調されている。また、学級における教師の影響力も無視できない。最近では、学級経営の観点から、教師のリーダーシップを捉え直している。

　本章では、このような学級集団をめぐる話題について概説する。

1　学級集団の特徴と機能

(1) 学級集団の特徴

　一般的に集団とは、複数の個体の集合のことを指すが、群衆とは次の点で異なる。集団は、ⅰ）共通の目標を持ち、ⅱ）成員間に持続的な相互交渉を有し、ⅲ）成員間に地位と役割の分化があり、ⅳ）成員は共通の規範に沿った行動を行い、ⅴ）成員間に一体感がある。家庭・学校・職場・遊び仲間などが集団と呼べる。集団は、公の組織や規則など制度的関係に依存して、目的的に編成される公式集団と、個人の自由な感情や欲求によって自発的に形成され、人間関係によって結びついている非公式集団に分類できる。

　学級集団は、学習という目的のために形成された公式集団である。しかし、学級集団の中では、さまざまな非公式集団が形成されるという二重構造を持っている。上記の一般的な集団の特徴に加えて、学級集団の特徴としてゲッツェル（Getzels, J. W.）とゼーレン（Thelen, H. A.）は次の4点を挙げた。

① 学級集団は学習という目的のための集合である。しかも、学習されるべき内容と方法は学級集団の成員の動機に関わりなく、あらかじめ決められている。

② 学級集団の成員は、本人の意志に関係なく、いわば強制されて所定の集団の一員になる。

③ 学級集団のコントロールは教師の手にゆだねられている。教師は、教育の専門家として、また生徒よりも年長であることによって、学級集団の支配エリートである。

④ 学級集団は学校内の他の学級集団との関係で行うべきこと、してはいけないことなどが決められている。例えば、4年生のクラスは、3年生のクラスと5年生のクラスとの関係で何を行うことができるかが決められている。

COLUMN 5

第一の社会としての学校

天王台ゼミナール塾長　野口恵子

　大きく分けて、子どもたちは3つの顔を持っているように思える。一つは家庭での顔。一つは彼らにとって第一の社会、学校での顔。そして本屋さんやコンビニに行くときや、塾にいるときの顔だ。家庭や学校での背景をむしろ無にして彼らは私たち講師の前に座る。私たちは彼らが第一の社会でより理想に近い形でスムーズに生きていけるように応援する、いわば伴走者なのだ。

　その第一の場所は、しかし、子どもたちにそれほど優しくない。まず公立の小学校や中学校の先生の資質が大きな問題である。子どもたちの口からは、「分かりづらい」「質問できない」「声が聞こえない」「自習ばかり」等々と苦情が届く。だから塾に来ないと全くわからない、と。

　公立の中学校でも、数学で、「差別化」を意識した能力別クラス編成を実施しているところもある。しかし、発展クラスの授業では高校レベルの範囲まで取り入れているのに、定期テストの問題は標準クラスの範囲に統一されてしまうらしい。学んできたことを検証する場がないのが実情のようだ。

　批判や不満はあっても、子どもたちはそこが自分の場であることを受け入れている。悲観的にばかり捉えているわけでもない。体育祭、文化祭、合唱コンクール、部活動、校外学習。そうした行事に彼らはタフに関与していこうとする。しかしそこに適応できない生徒も少なくない。

　ある女の子のことを書いてみよう。彼女は幼いときに父親を亡くした。そのことがきっかけで心を閉ざし不登校が数年続いた。受験を控え中学2年生になったときから、週に4日塾に通ってくるようになった。ある作文の時間、いくつかの題の中から彼女は「私の将来」を選んだ。そして1行目に「私は介護士になりたい」と書いた。しかし彼女はそのまま原稿用紙を前に、長い、身動きもしない時間を過ごした。彼女は考えこんでいた、恐らく、今の自分からどんな将来が想像できるのか、と。そしてとうとう俯いた彼女の膝に大粒の涙が落ちた。私はそのときこう言ったのだ。「だれもがみんな同じように生きる必要はないのよ、学校なんて行かなくたっていいのよ。行かなくても自分に合った人生がきっとある」。

　たった14歳の少女に、「第一の社会」を否定するような言葉はどんなに恐ろしく聞こえただろうか。彼女はそれっきり、姿を見せなくなった。学校は、今のところ、子どもたちにとって切り離しては考えられない人間形成の場としてある。その責任は重い。

⑵　集団の影響

　集団は、その成員である個人にさまざまな影響をおよぼすことが知られている。学級も一般的な集団が有する影響力を持つ。ここでは、一般的な集団の影響を概説する。

1）地位と役割の分化

　集団が形成され、集団行動が行われると、成員の相互作用が進み、各成員は集団の中で人間関係を結ぶ点としての位置を占めるようになる。各自の能力や特性に応じて行動様式は分化し、集団の中で特定の地位を占めるようになる。集団の中では特定の地位に対して、多くの成員が共通して期待する組織的行動がある。それを役割という。役割は、成員にとって集団を継続させていくための一つの義務であり、その地位を占める者にとって行動の規範を形成する。同時に、その集団の標準的な行動様式に価値を発見し、心理的に満足して役割行動を遂行することによって、集団に受け入れられるという側面を持つ。役割は個人の行動に拘束力を与える規範的機能と集団に対する適応機能の両方を持つ。学級集団の中では、学級委員や学級の係などの役割がこれにあたる。また、非公式集団である友人集団の中で、リーダーやおどけ役などが出現してくる。

2）集団規範

　集団規範とは、集団内の各成員に共通に期待される標準的な考え方や行動様式のことで、その集団において各成員がとるべき行動の基本的枠組みとなる。法律や規則など成文化された規範もあるが、慣習や礼儀作法など暗黙の申し合わせや判断基準として作用することもある。学級の中でも、学校の中で公式的に守られるべきルールとともに、各学級における慣習などの暗黙のうちに了解されるルールが出現してくる。

　シェリフ（Sherif, M.）は、暗闇の中の静止光点を見つめていると、ゆらゆらとゆれて見えるという自動運動を利用して、集団規範が形成される過程を調べている。真っ暗な小部屋で光点を呈示し、どれくらい動いたか尋ねる。

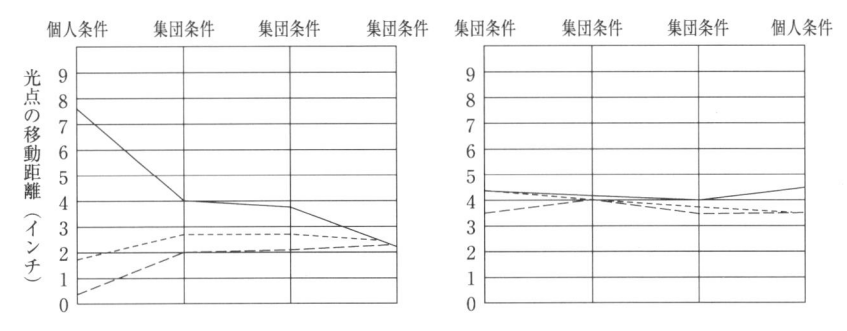

図 3-1　3人集団での判断値の変動

出所）Sherif, 1936

　暗闇の中では判断の基準がないため、動きの度合いには個人差が大きい。しかし、集団事態で観察、報告を行わせると、最初は各人の報告にばらつきがあるが、回数を重ねるごとに判断がある範囲内に収斂することを報告している（図3-1）。判断の基準がない事態で、お互いに集団全体や他者の判断の基準に合わせようとした結果、共通した判断の基準ができたと考えられる。このとき、判断の基準がない中で自分の判断を行う際に、他者の判断をそのよりどころとし、他者の判断を情報として利用する側面と、他者や集団の期待に沿う方向で自分の判断や行動を制御しようとする側面の両方の影響力が働いていると考えられる。このように、成員の間で判断基準が共有された結果、その判断基準が集団規範として認識される。

3）同　　　調

　アッシュ（Asch, S. E.）は、図3-2のような誰が見ても正解がわかるような線分課題を用いて、故意に誤った判断をするサクラ6人に本当の被験者1人を加え、7人の集団で左図と同じ線分を判断させた。12回のセッションで6人のサクラがセッションごとに一致して誤った報告をすると、約3分の2の被験者が、少なくとも1回は誤った報告に同調した。多数者の判断が被験者の行動の基準となったのだ。同調行動は、集団の中で協調的な行動を行う基本となり、社会生活を円滑に行う上で不可欠なものである。しかし、これ

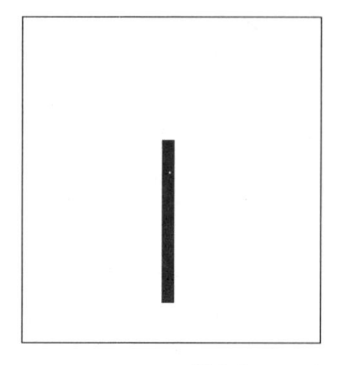

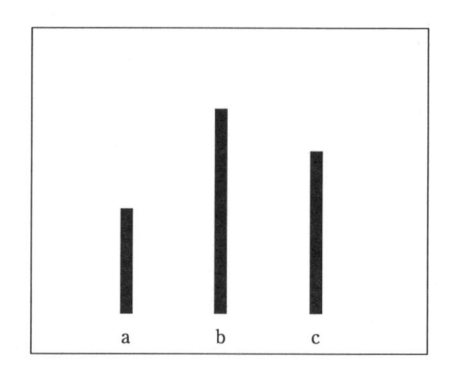

図 3-2　アッシュの実験で用いられた線分判断の例

が強調されすぎてしまうと、集団の中で成員の均一化が進み、個性を奪ってしまうことになる。学級の中でも、集団の規範が形成され、それに対する同調行動が出現する。そのような同調が学級のまとまりを作り出すものであるが、一方で、他者とは違う意見や行動などの個性を認めていく雰囲気も大切である。また、権威を持つ者に対する同調の力は抗しがたいことが報告されている。学級集団の中では教師は権威を持つので、注意が必要である。

アッシュの実験で、もし、1人でも多数者の判断と異なる報告をする人がいれば、同調は約5分の1にまで減少することが報告されている。しかも、この時のもう1人の逸脱者は、必ずしも、自分と同じ正解を報告しなくてもよい。このように、集団規範からの逸脱は、1人では難しいが、仲間がいると違う意見を表明しやすくなる。

4）社会的促進

例えば、100メートル走のタイム計測時、1人で走ってタイムを計る場合と、2人で走る場合では、2人で走る方が速くなる。また、2桁の数字をかけ合わせる問題に単独で取り組む場合と、同じ課題に取り組む他者が存在する場合では、他者と協力して問題に取り組むわけではないのに、他者が存在する場合の方が多くの問題を解ける。このように他者の存在によって成績がよくなる効果をオールポート（Allport, F. H.）は社会的促進と呼んだ。一緒

に同じ行動をする他者の存在だけではなく、単なる見学者がいる場合でも、同様の効果が確かめられている。しかし、他者の存在により成績が低下する場合もあることが報告されるようになり、それを社会的抑制と呼ぶ。先の例で、2桁の数字のかけ算の場合、量的には社会的促進効果がみられるが、質的には社会的抑制効果がみられる。すなわち、他者が存在する状況では、回答した問題の数は多くなるが、一方で、誤答も多くなる。一般的に、十分に学習し、慣れ親しんだ簡単な課題では社会的促進効果が起きやすく、新規の学習や複雑な学習については社会的抑制が起きやすいとされている。

5）社会的比較

フェスティンガー（Festinger, L.）は、人は自分の行動や考えの適切さを評価したいという欲求を持ち、その判断基準が不明確な場合には他者と比較することにより自己評価を行うという社会的比較理論を提唱した。自分が100メートルを13秒で走ることができるかどうかという場合には、実際に走ってみて時間を測定すればよい。しかし、100メートルを13秒で走ることが速いかどうかという判断は、他者と比較することによって初めて可能になる。また、自分の考え方が適切かどうかということも、他者の考え方と比較しながら、自己評価する。このようなプロセスを通して自己概念を獲得したり、集団規範を学習したりする。

(3) 学級集団の機能

学級集団はさまざまな集団の影響を利用して、児童・生徒の学習や発達を促進させようとするものである。一般的に学級集団は次のような機能を持つといわれている。

1）欲求の充足

人間の社会的欲求にはさまざまなものがあるが、学級という社会の中でそれらの社会的欲求を充足する場が与えられる。例えば、集団に所属することによって自分の居場所を求める所属欲求や、他者と愛情のある関係を求める親和欲求、人から認められたいという承認欲求などは、学級の中での対人関

係を通して充足される。また、支配、顕示、優越、攻撃といったような欲求も、学級におけるさまざまな活動を通して充足する場を与えられる。一方で、これらの欲求が思い通りに満たされないときには、欲求不満の状態を経験するが、そのような経験を通して欲求不満耐性を獲得する。

2) 教科学習の促進

学校における活動の中心は、各教科についての教師による教授と生徒による学習である。この活動を集団場面で行うことによって社会的促進の効果やモデリングの効果が期待されている。前述のように、集団場面では社会的促進や社会的抑制が起きることが知られている。また、教師や他の生徒によるモデリングの効果などを効果的に利用することにより、教科学習を進めることができる。

3) 社会性の育成

学級は教科学習の場として機能するだけではなく、社会生活を行う上で必要なさまざまな社会性を育成する場としても重要な意味を持つ。

①集団規範の体得： 学級において自己と他者を比較する社会的比較過程を通して、自身の行動や考えの適切さを確認し、同時に他者の考え方や行動を認識し、世間の基準やルールを取り入れていく。このような集団規範を学習することによって、自身の行動を規範に従って抑制することを学ぶ。

②役割の取得： 集団においては成員間に地位と役割の分化が起き、各成員が役割を果たすことにより集団が機能する。学級集団の中で役割を果たす役割行動を学習する。

③自己意識の確立： フェスティンガーの社会的比較理論でも示されているように、学級集団の中で深い人間関係を体験する過程で、子どもは他者と自分との相違を理解する。その中で、自分は自分であるという意識を持つことができるようになり、自己意識を確立することができるようになる。

④社会的能力・技術の育成： 学級集団の中では、他者との人間関係を形成し、維持していくことが必要となる。子どもは教師や他の子ども同士の相互作用を通して、共感性を育成したり、コミュニケーションの能力を育成し

たりすることができる。

河村茂雄は、学級集団を通して子どもたちが社会性を育成する側面を重視し、学級集団を良質な集団体験を提供する場として捉えることが重要であると主張した。そして、教師による学級経営の面で管理志向ではなく、集団体験効果を重視する学級経営の重要性を強調した。

2 学級集団の構造

(1) 学級集団の構造上の特徴

学級は、教育目標を達成するために、同じ発達段階にある子どもが集められ、制度的に構成された公式集団である。しかし、学級の諸活動を通して子ども同士の相互関係が活発化すると、学級の中で自然発生的に仲良しグループのような心理的に結びついた下位集団ができる。これは、非公式集団と考えられる。すなわち、学級は公式集団の中に自然発生的に生じた非公式集団が存在する二重構造となっている。

公式集団としての学級は、担任教師をリーダーとして、子どもたちは学級の各役割を分担する。学級活動を支えるための学級委員や図書係、風紀委員などの役割がそれである。

一方、子ども同士の相互交流が深まる中で、学級の中に非公式集団が形成されていく。このような非公式の集団の形成や下位集団同士の結びつきや排斥のパターンが学級集団の構造を構築していく。

(2) 学級集団の形成過程

学級が編成されても、初めは全体としてまとまりのない単なる個人の集合である。学級集団が組織化され、構造化される過程を田中熊次郎は次のような7段階にまとめている。

①さぐり： 期待と不安に包まれた緊張の中で、他者を観察し、どのよう

な行動や態度をとればよいのか探っている段階。

②同一化： 成員相互の交渉が生じ、集団への凝集性が高まり、自分たちの集団であるという同一化が起きる段階。

③集団目標の出現： 集団活動を通して共通の目標を発見し、それを集団の目標として成員全員が一つの目標に向かって行動する。学級への所属感が強まり、相互の結びつきが意識され始める段階。

④集団規範の形成： 一つの目標に向かって集団行動が展開される中で、一人ひとりの行動を規制するさまざまな集団規範が形成される段階。

⑤内集団―外集団的態度の形成： 自分が所属する集団、すなわち、自分の仲間とそれ以外の集団とを区別する態度が発生し、時には激しい排他的傾向が示される段階。

⑥集団雰囲気の発生： 学級成員の性格やリーダーの性格などから集団独特の社会的雰囲気が発生してくる段階。

⑦地位と役割の分化： 集団内で地位が確定し、役割の分化が起こり、地位の階層が形成され始め、人間関係の構造化が起こり、集団が組織的になる段階。

このような学級集団の形成過程は、基本的には共通であるが、学級成員の人数、年齢、教師の性格、指導法などの諸条件によって各段階の様相は変わってくる。

(3) **集団の構造の測定**

集団の構造を測定する方法の一つとして、モレノ（Moreno, J. L.）によって開発されたソシオメトリーがある。ソシオメトリーは、成員間の感情の流れを測定するものである。特定の状況においてある成員が別の成員に対して示す選択・排斥・無関心などの感情を測定する。測定法としては、行動観察、質問紙的調査、面接などがある。しかし、例えば、遠足の班のメンバーとして考えるのか、理科の自由研究の班のメンバーとして考えるのかなど、何を選択の基準とするかで、その構造が異なることがある。得られた関係を線図

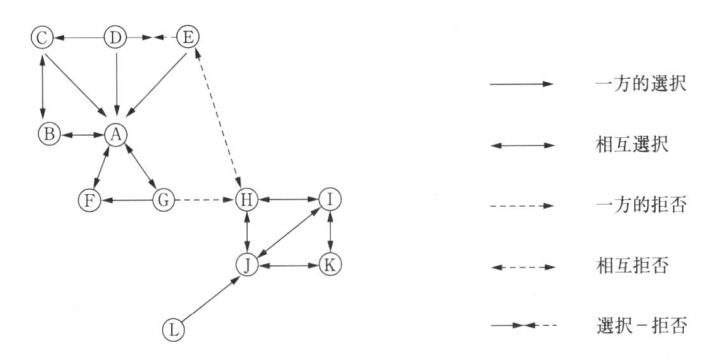

図 3-3 ソシオグラムの例

（凡例）
- ―――→ 一方的選択
- ←―――→ 相互選択
- ‑‑‑‑→ 一方的拒否
- ←‑‑‑‑→ 相互拒否
- ―――→‑‑‑ 選択‑拒否

で表したのがソシオグラムである。ソシオグラムの例を図3-3に挙げる。集団全体の構造とともに、多くの成員からの選択が集中する「スター」や誰からも選択されない「孤立者」など、各成員の集団内での位置を把握することができる。

ソシオメトリーで測定されるような集団の対人感情の構造は、コミュニケーションの流れ方とも一定の対応を示すことが知られている。

集団の構造を測定する方法として、他にゲス・フー・テスト、社会的距離尺度などがある。しかし、このようなテストを実施する場合には、テストが子どもにとって心理的負担になったり、交友関係に好ましくない影響がおよぶことがないように十分に配慮する必要がある。

(4) 学級集団の構造の類型

田中は、ソシオメトリック・テストの結果から学級集団の構造は5つの類型に分けることができると報告している。

①統一結合型： 1人、あるいはそれ以上の結合の中心的位置を占める成員を持ち、学級全体が統一されている構造。

②分団結合型： 学級内にいくつかの下位集団がみられ、それぞれの下位集団にそれぞれの結合の中心となる成員がみられる。また、下位集団相互も

ある程度の結びつきを持っている構造。

　③一部集中型：　ソシオメトリーの選択が一部の少数の成員に集中し、相互選択的な関係が少ない構造。

　④分団分離型：　例えば、男子と女子がそれぞれ別の下位集団を形成して、相互の交流がみられない場合のように、閉鎖的な下位集団に学級が分離している構造。

　⑤多数分離型：　一人ひとりの成員が孤立している構造。

　田中は、相互選択関係のネットワークの拡大と孤立者の減少を主な指標として、構造の発達を考察している。田中によると、「多数分離型」は、集団当初に多く出現する構造で、「統一結合型」と「分団結合型」を成員関係が成熟した状態と考えた。

　また、「統一統合型」と「分団結合型」は高学年にみられる型で、「一部集中型」、「分団分離型」、「多数分離型」は低学年の水準であると述べている。小学校の4、5年頃から集団の構造が明確になると考えられる。それには、子どもの対人関係の発達が背景にあると考えられる。

3　学級集団の仲間関係

(1)　友人選択の規定因と発達的変化

　学級集団の中で、子どもたちの相互作用が進むにつれて、次第に友人集団という非公式集団が自然発生的に形成される。田中は、ソシオメトリック・テストで示された友人選択の要因を次のようにまとめている。

　①相互的接近：　家が近い・通学路が同じ・席が近い・いつも一緒に遊ぶなど。

　②同情・愛着：　感じがよい・何となく好き・おもしろいなどの好感、やさしい・物を貸してくれるなどの同情、かわいい・仲良しなどの愛着。

　③尊敬・共鳴：　学業や技能が優秀・性格がよいなどの尊敬、趣味・意見

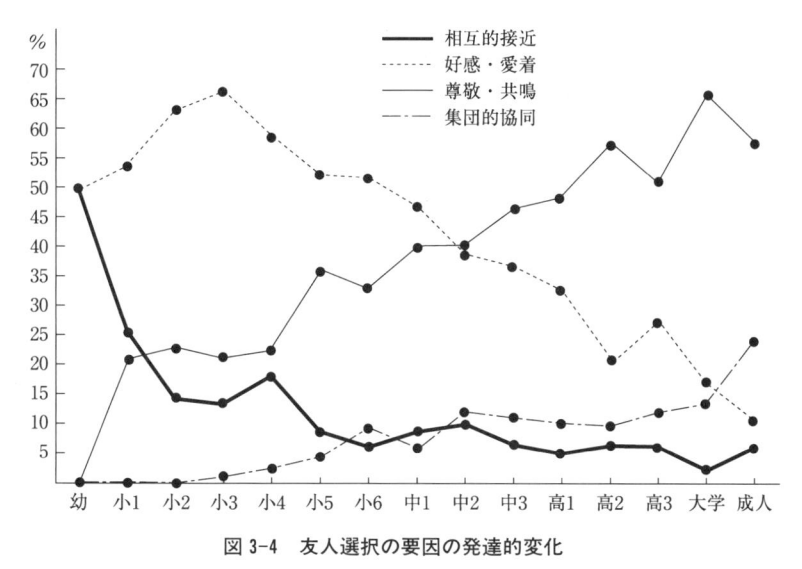

```
%                          ―― 相互的接近
70                         ……… 好感・愛着
65                         ―― 尊敬・共鳴
60                         ―・― 集団的協同
```

図3-4 友人選択の要因の発達的変化

出所) 田中、1964

などの一致、気が合う・思想などの共鳴。

　④集団的協同： グループ学習・クラブ活動などにおいてチームをうまくまとめるなど。

　これらの要因の発達的変化を示したのが図3-4である。家が近い、席が近いなどの物理的接近による友人選択は小学校低学年で多くみられるが、学年が進むにつれて少なくなる。また、感じがよいなどの同情・愛着も高学年になるほど少なくなり、代わりに尊敬・共鳴など人格的要因による友人選択が増加する。すなわち、低学年では、友人選択の要因は、席が近い、感じがよいなどの理由で友人を選びやすく、席替えやクラス替えによって友人関係にも変化が生じることが多いことが示されている。しかし、高学年になると、成績や性格がよいということや趣味や意見が一致するなど、内面的な理由で友人を選択するようになり、状況が変化しても友人関係は維持されやすくなると考えられる。

(2) 仲間集団の発達

　蘭千壽は、児童前期から高校生までの仲間集団の特徴により、仲間集団を3つに分類した（図3-5）。

　①プレイ集団：　児童前期の遊び仲間。近隣の4～9歳くらいの異なる年齢の子どもたちがそのつど集まって遊ぶ。年長児をリーダーとして、男女児が一緒に遊ぶのがこの集団の特徴である。友人関係は安定しておらず、自己中心的で、一時的な報酬に基づく関係となる。

　②ギャング集団：　児童後期に、友人関係が安定し、自他を相互に理解し

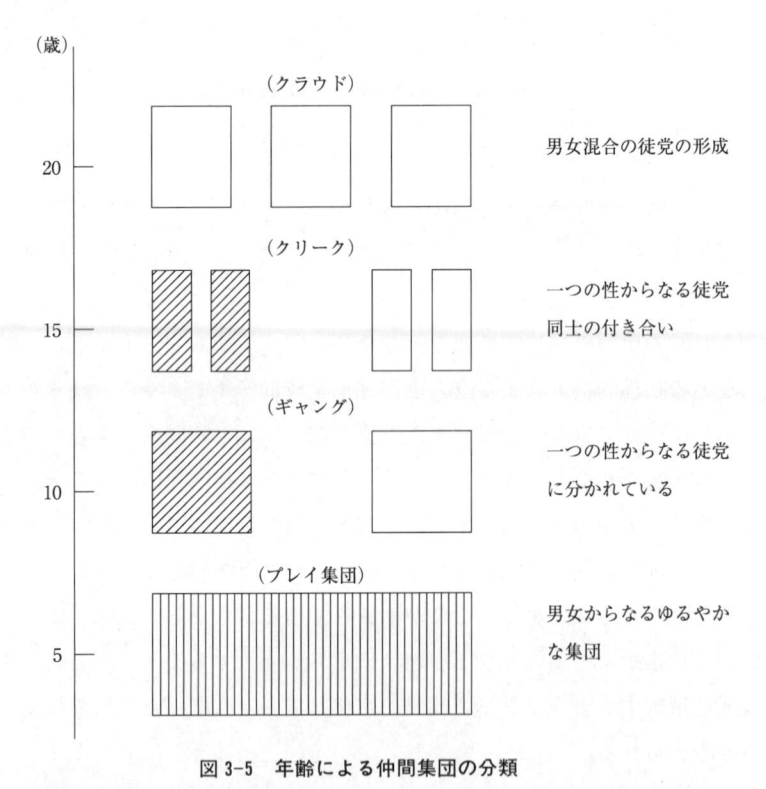

図3-5　年齢による仲間集団の分類

出所）蘭、1992

協力し合うというように深い情緒的交流を持つようになると形成されるのが、ギャング集団である。この集団は同性の集団で、同じあるいは異なる年齢の4、5名の子どもたちからなり、閉鎖性が強く、合言葉や掟（ルール）などを持ち、より集団化されている。メンバーが一定であり、結びつきが強い。集団の目標や規範が存在し、目標達成のための役割が分化しており、集団意識が明確である。

③クリーク集団：　中学生から高校生になると、ギャング集団は次第に解体し、同性の2、3名からなるクリークが形成される。このグループの特徴は、家庭的背景、思想信条についての考え方や諸種の能力が似ている者の集まりであり、互いに愛着を持っている。彼らは自我を確立するため、これまでの両親との関係に代わって親密な友人関係を形成する。男子は、共通の興味や学業をともに協力しながら遂行し、将来の職業的なスキルを身に付ける。これに対して、女子は互いに知り合うために多くの時間を使い、親密さや心理的援助に関する社会的スキルを学ぶ。

青年期におけるクリーク集団の発達については、ダンフィ（Dunphy, D. C.）が5つの段階に分けて説明している。3～9人の小集団をクリーク、それより大きい15～30人の集団をクラウドと呼ぶ。

①第1段階：　青年期前期に同性の少人数クリークが作られ、お互いのクリーク同士の交流もなく、自分たちの秘密が保持されるような親密な関係ができる。

②第2段階：　クリーク間の交流が始まり、クラウドの始まりがみられる。異性との接触も生じるようになる。

③第3段階：　同性のクリークは保持されたまま、クリーク上位の者同士による異性を含むクリークが作られるようになる。

④第4段階：　異性を含むクラウドが作られ、クラウド相互間の交流もなされる。

⑤第5段階：　クラウドが解体され始め、男女のカップルのクリークへと縮小されていく。

青年期の友人関係を実証的にみた研究では、落合良行と佐藤有耕は、中学生から大学生を対象にした質問紙調査により、友達との付き合い方について6因子を見いだしている。それによると、青年期の友人との付き合い方は、本音を出さない自己防衛的な付き合い方、誰とでも仲良くしていたいという全方向的付き合い方、自分に自信を持って交友する自律した付き合い方、自己開示し積極的に相互理解しようとする付き合い方、みんなと同じようにしようとする同調的付き合い方、みんなから好かれることを願っている付き合い方の6因子があると考えられる。

　落合と佐藤は、これらの付き合い方を二次元の基本的な友人関係の次元の組み合わせで考えている。第1の次元は、自分のありのままを見せないようにしようとするか、傷つくことがあることも覚悟して本音で関わり合っていこうとするかという「人との関わり方に関する姿勢」、第2の次元は、付き合う相手を広く限定しないか、狭く限定するかという「自分が関わろうとする相手の範囲」である。この二次元を組み合わせた4パターンの発達的変化をみると、青年期の初めには「浅く広く関わる付き合い方」が多くみられるが、これは年齢を増すにつれて少なくなっていく。反対に「深く狭く関わる付き合い方」が年齢を増すにつれて多くなっていく。このように付き合い方

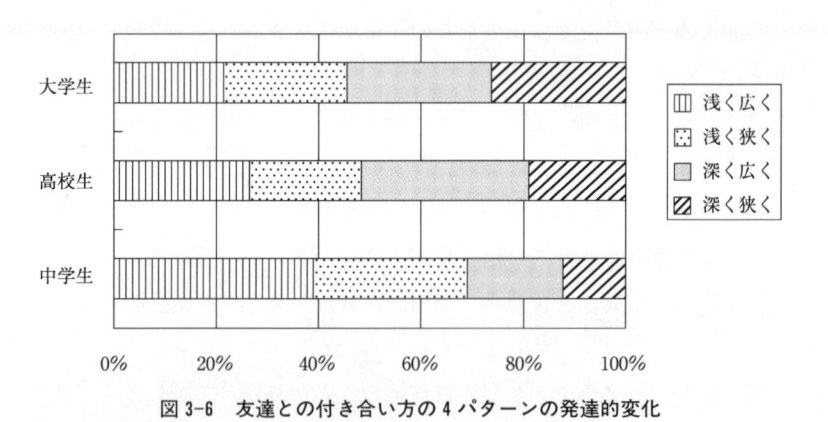

図3-6　友達との付き合い方の4パターンの発達的変化

出所）落合・佐藤、1996

が転換していく途中に「深く広く関わる付き合い方」が多くなることを報告している（図3-6）。

このような仲間集団を通して、子どもたちは仲間意識を培い、仲間から受け入れられる心理的安定感を獲得するとともに、仲間に受け入れられるための社会的スキルを学習する。また、ギャング期を境として同性の仲間と頻繁に相互作用を行い、集団内でそれぞれの性別役割を学習する。仲間集団を形成することは、社会性の発達にとっては重要な役割を果たす。

しかし、最近の子どもたちは、子ども同士で遊ぶことが少なくなり、児童後期のギャング集団を形成することが少なくなってきたといわれている。塾や稽古事などで遊ぶ時間が少なくなったこと、集団で遊ぶことのできる場所が少なくなったこと、パソコンゲームなどによる遊びが主となり集団での遊びが少なくなってきたことなど、子どもたちの生活空間や環境の変化が原因と考えられている。その結果、集団での遊びを通して自己形成することや社会性を身に付けることができず、問題行動を生じさせることも多い。また、ギャング・エイジを青年期に持ち越すことによって暴走族や集団万引き、集団暴行など社会的に逸脱した行動が問題となることも多い。

(3) 青年期の友人関係の諸相

青年期になると生活空間が広がり、より広い人間関係を構築するようになる。青年にとって友人は重要な位置を占め、単なる遊び友達から少数の親友関係へと移行していくとともに、孤独感も経験するようになる。

青年期に持つ友人との関係性に注目して、ハーロック（Hurlock, E. B.）は友人関係を3つに大別している。

①親友―信友：　ほとんどの青年が1人、あるいは2人程度は持っているようなお互いに信頼し合った親しい友人。お互いに理解と幸福を分かち合い、秘密を嫌い、忠告し合い、お互いに愛し合う。

②相棒：　同じ興味を持ち、尊敬や愛情で強く結びついた3、4人以上の仲間からなる排他的な集団。親友同士によって作られることが多い。児童期

のギャング集団と比べると、果敢ではなく、構成員は共通の興味によって結ばれ、異性を交えることも多く、比較的永続性を持っている。

　③仲間：　青年期の社会的集団の中で最大のもので、相互の興味・好嫌・理想などによって選ばれた個々人の集まり。成員相互間はそれぞれ社会的距離が異なり、全ての成員の親密度は一定ではないが、一体感の強い排他的な集団。最初、親友や相棒を単位として出発し、次第に新しい仲間が加えられていく場合が多い。

　青年期に親友と呼べる存在がいないと、うつ病や集中力の欠如など精神的健康が悪くなり、また学校での問題行動も多くなるなどの報告がある。

　一方、最近の青年期における友人関係の希薄さを指摘する研究は多い。しかし、藤井恭子は、そのように浅く表面的な付き合い方をする現代青年の内面に、複雑な葛藤があることを指摘している。青年期の友人関係における「近づきたいけれど、離れたい」という対人距離をめぐる葛藤をベラック(Bellak, L.)は山アラシ・ジレンマと名付けた。これは、山アラシの一群が冷たい冬の日に、お互いの体温で温まろうと身体をくっつけ合うと、お互いの棘でお互いを傷つけてしまう。しかし、離れると寒い。離れたり、近づいたりを繰り返して、適度な距離を見つけるという寓話から生まれた言葉である。藤井は、中学生から大学生に対して友人関係に関するインタビュー調査を行い、現代青年の山アラシ・ジレンマのあり方は、「近づきたいけれど、離れたい」というジレンマではなく、深い関わりに入る前の段階で、「近づきたいが近づきすぎたくない」と「離れたいが離れすぎたくない」という2種類のジレンマがあるということを見いだした。さらに質問紙調査により「近づきたいが、自分が傷つくことを回避したい」ジレンマ、「近づきたいが、相手を傷つけることを回避したい」ジレンマ、「離れたいが、自分が寂しい思いをすることを回避したい」ジレンマ、「離れたいが、相手が寂しい思いをすることを回避したい」ジレンマの4種類があることを見いだしている。そして、このような山アラシ・ジレンマが起きたときに、どのように心理的に対処するのかを調べると、相手の動きをうかがう「萎縮」、相手にしがみ

ついて執着する「しがみつき」、関わりそのものを避けて相手と隔たりをおく「見切り」の3種の反応があるとした。そして、相手との心理的距離を遠く感じる人は、自分が傷つきたくない、自分が寂しい思いをしたくないというジレンマを生じやすく、その結果、心理的対処行動を生じやすい、そのことによって、さらに相手との距離を遠く感じるという悪循環があることを指摘している。

(4) 友人関係と適応

　最近は青年期における友人関係の希薄さが指摘されているが、中学生における対人関係の希薄さと学校適応感、不登校感情の間には多くの相関関係がみられ、対人関係の希薄さが学校での不適応感や不登校感情につながることなど友人関係と学校適応の関係も数多く報告されている。

　前田健一は、幼稚園児から小学校2〜4年生を対象にしたソシオメトリック・テストを使用した一連の研究を行っている。ソシオメトリック指名法に基づいて、子どもを仲間から人気のある群（人気児群）、仲間から拒否される群（拒否児群）、平均的な群（平均児群）、仲間から無視される群（無視児群）、ある仲間からは人気があるが、他の仲間からは拒否される群（評価二分群）の5群に分類した。その結果、1年後や2年後では人気児や拒否児の地位は変動しにくいことを報告している。人気児群と拒否児群は、1、2年後では約35〜50％程度はその地位を維持していた。幼稚園の年長から小学校に入学したような集団が変化した場合でも人気児や拒否児の地位は変動しにくい。

　さらに、拒否児の地位を維持する者は攻撃性が最も高いこと、人気児の地位を維持する者は、他者と効果的な相互作用を行う能力である社会的コンピテンス（competence：有能さ）が最も高いこと、孤独感は拒否児の地位を維持する者に高いことなどを報告している。また、人気児や拒否児の地位は変動しにくいが、地位の変動があった場合、さらにそれが、他の群から人気児に移行した場合には、社会的コンピテンスが向上し、攻撃性が低下する変化のパターン、他の群から拒否児に移行した場合には、社会的コンピテンスの低

下と攻撃性の増加のパターン、他の群から無視児に移行した場合には、社会的コンピテンスの低下と攻撃性の低下のパターンを示すという。

4 教師と児童・生徒の関係

(1) 教師のリーダーシップ

集団の目標達成に向けて、集団内のある成員が他の成員の行動に対して、積極的な影響力をおよぼす過程をリーダーシップと呼ぶ。集団活動が円滑に進められるためには、効果的なリーダーシップの発揮が必要となる。公式集団である学級では、教師がリーダーシップを発揮することが期待されている。

1) PMリーダーシップ理論

三隅二不二は、リーダーシップの2つの機能の組み合わせで、リーダーを類型化した。リーダーシップの第1の機能は、目標達成機能（performance機能）で、集団目標の達成のための計画を立てたり、成員に指示・命令を与えたりするリーダーの行動を指す。これをP機能と呼ぶ。第2の機能は、集

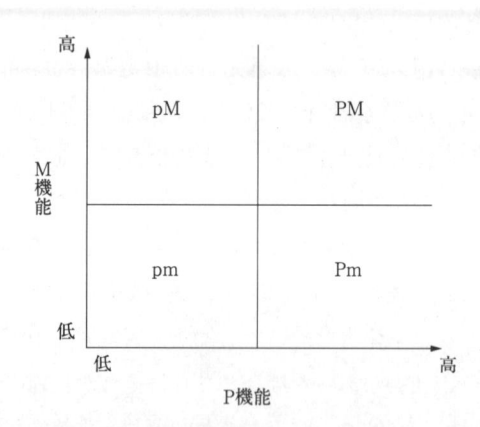

図3-7　PMリーダーシップ理論によるリーダーシップの類型
出所) 三隅、1984

団維持機能（maintenance 機能）で、集団自体のまとまりを維持・強化しようとするもので、成員の立場を理解し、集団内に友好的雰囲気を生み出したりする行動を指す。これを M 機能と呼ぶ。P 機能と M 機能の組み合わせの4類型でリーダーシップを捉えている（図3-7）。

多くの研究で高い P 機能と M 機能をあわせ持つ PM 型のリーダーシップにおいては集団の生産性や成員の満足度が最も高く、P 機能と M 機能の両方ともに弱い pm 型のリーダーシップでは、集団の生産性や成員の満足度が最も低いことが報告されている。学級場面での教師の行動では、P 機能は学業成績の向上、学級対抗行事の統率、期待される社会性の育成などへの達成行動を強調したもので、M 機能は子ども同士の人間関係、チームワーク、学級集団への適応など人間関係への配慮を強調した教師の行動と考えられる。学級場面でも PM 型の教師の学級では、子ども同士の連帯が強く、規則が遵守され、学習意欲も良好であることや、子どものスクール・モラールが高くなることが報告されている。スクール・モラールとは、学級生活における子どもの満足度、充実度、依存度などの主観的な心理状態のことを指す。

また、P 機能の高い教師のもとで、勢力の集中化構造を持つ学級が多く、反対に P 機能の弱い教師のもとに勢力の分散化構造を持つ学級が多いことが報告されている。さらに、勢力の集中化構造を持つ学級の方が、分散化構造を持つ学級よりも、学級の連帯性が高いことが示されている。

2) SL（Situational Leadership）理論

ハーシー（Hersey, P.）とブランチャード（Blanchard, K. H.）は、効果的なリーダーシップのスタイルは状況に依存して異なるという説を提唱している。この理論では状況として、成員の成熟度（マチュリティ）を考える。成員の成熟度は、ⅰ）達成可能な、できるだけ高い目標を設定しようとする基本的な姿勢、ⅱ）責任負担の意志と能力、ⅲ）教育・経験の程度の3つの指標で示される。リーダーシップスタイルは、P 機能に相当する課題指向的行動と、M 機能に相当する関係指向的行動の組み合わせで表される。図3-8に示すように、成員の成熟度が低い（①）段階では、関係指向的行動を抑え、課題

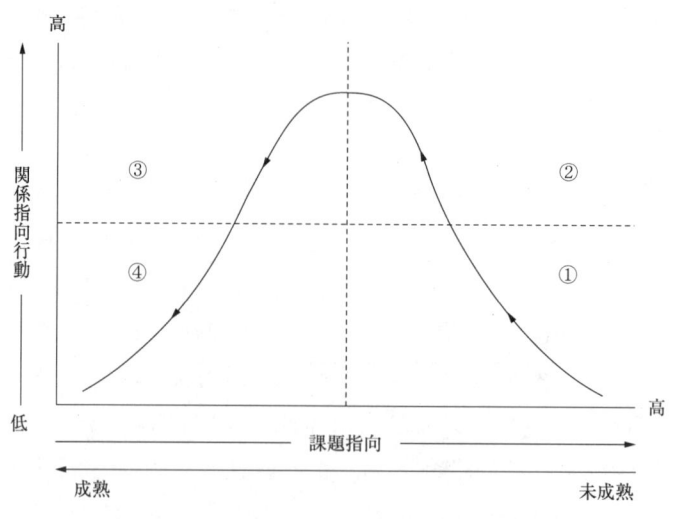

図 3-8　効果的なリーダーシップスタイル
出所）Hersey and Blanchard, 1977

指向的行動を前面に出す教示的リーダーシップが効果的であるが、成熟度が高まるにつれ（②）、課題指向的行動を徐々に減らすと同時に、関係指向的行動を増す説得的リーダーシップが効果的となる。さらに、成熟度が平均以上の水準に（③）なると、課題指向的行動を抑え、関係指向的行動を増す参加型リーダーシップが効果的となり、成熟度が相当高い（④）段階では、成員たちの自主性を尊重する委譲的リーダーシップが効果的となる。成員の成熟度自体がリーダーの適切な行動を通して発達する側面も無視できない。この理論によると、学級の成熟に従って、教師のリーダーシップスタイルも変化していく必要があることが示されている。

(2) 教師の勢力資源

集団の中で、ある成員が他の成員に影響力をおよぼす力を勢力という。子どもたちが教師の指導に従うのは、教師が子どもたちに対して勢力を持っているからである。教師の持つ勢力の源、すなわち、子どもたちが教師の指導

に従う理由には、いくつかのタイプがある。

　西本裕輝は、小中学生を対象にした質問紙調査によって、教師の優しさや思いやりに基づく「思いやり」、教師の外見に基づく「外見性」、教師としての役職に基づく「正当性」、教師のリーダーシップに基づく「指導性」、教師の専門的な技能に基づく「専門性」、遊び感覚に基づく「遊戯性」の6つの勢力資源を見いだしている。これらの中で、教師にとって最も重要な勢力資源は「思いやり」であること、同時に、教師の勢力資源はいつも安定しているわけではなく、学級文化に依存していること、すなわち、学級文化が変われば、評価される教師の資源も変化することを報告している。これは、ある学級では資源として評価されるものが、別の学級では資源とはならない場合もあることを意味している。例えば、勉強することに価値を置くアカデミック志向の学級では、教師の授業に関する技能が子どもたちによって高く評価され、資源となりうるが、そうではなくむしろ楽しくやることに価値を置くエンジョイ志向的な学級では、教師の持つユーモアのセンスなどが資源となりうる。その結果、同じ教師であっても、資源を獲得できる学級とできない

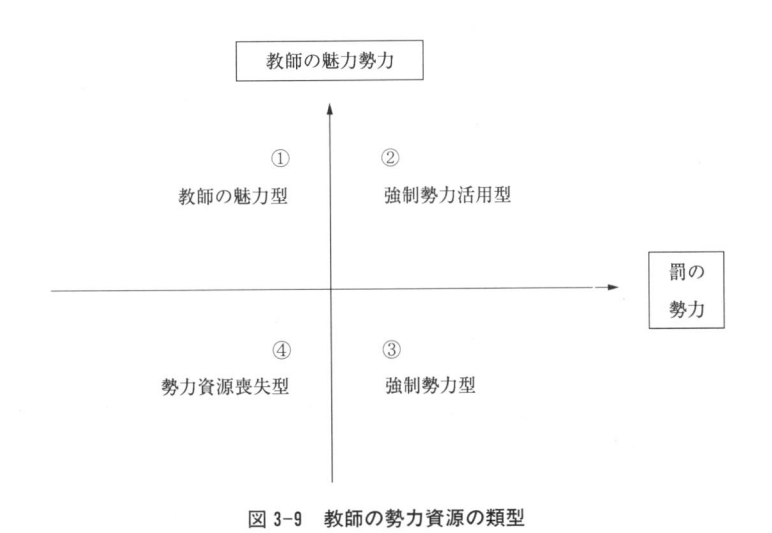

```
                教師の魅力勢力
                     ↑
        ①            │    ②
    教師の魅力型      │  強制勢力活用型
                     │                      ┌──────┐
─────────────────────┼──────────────────→  │ 罰の │
                     │                      │ 勢力 │
        ④            │    ③               └──────┘
    勢力資源喪失型    │  強制勢力型
                     │
```

図 3-9　教師の勢力資源の類型

出所）河村、1998

学級が出てくるという。

　河村茂雄は、質問紙調査による一連の研究から、子どもたちに認知される教師の勢力は、教師の力量を認め、尊敬している、教師の明るさや人間性を慕っているなど「教師の魅力」の勢力資源と、教師の指導に従わない場合の罰を用いる「強制勢力」の勢力資源の2種類に分類できるとし、教師の指導行動のタイプをこの2種の勢力資源の組み合わせで類型化した（図3-9）。すなわち、教師の魅力も強制勢力も高い「強制勢力活用型」、教師の魅力は高いが、強制勢力は低い「教師の魅力型」、教師の魅力は低いが、強制勢力は高い「強制勢力型」、教師の魅力も強制勢力も低い「勢力資源喪失型」の4タイプである。河村も、また、教師の指導行動のタイプと学級の雰囲気との相関を指摘し、教師による学級経営の重要性を強調している。

(3)　**教師による児童・生徒の認知**

　教師が児童・生徒をどのように認知しているかによって、さまざまな影響があることが報告されている。

　ウィクマン（Wickman, E.K.）は、教師が児童・生徒のどのような行動を問題行動として重視するのかを調査し、さらに精神医学者による問題行動の重大性についての認知と比較した。その結果、教師は、不道徳・不正直、権威に対する反発、規律の違反、学業への不精励さなど児童・生徒の反社会的行動を問題として取り上げる傾向がある。一方、精神医学者は、パーソナリティの適応という観点から、非社会的な性格や行動を重視している。日本でも児玉省らが、親、教師、医師、心理学者に子どもの問題行動の重要性を評価させ、比較したところ、同様の差異が認められている。

　小川一夫は、教師が何を問題行動として扱うかによって、学級の雰囲気が異なることを報告している。非社会的行動を問題行動として重視する教師のクラスは、反社会的行動を重視するクラスに比べて、親和的で協力的な雰囲気で子どもに好意をもたれていた。非社会的行動を問題行動として重視する教師は、授業を妨害したり、周囲が迷惑をこうむるような子どもばかりでは

COLUMN 6

AET との TT について

横浜市立市ヶ尾中学校教諭　大塚政和

　私が勤めている中学校には、月に1回のペースで1週間、AET（Assistant English Teacher）が訪れます。彼は休み時間には、教室や廊下で生徒と楽しく日本語まじりの英語で会話をしています。昼になると、お弁当を持って3年生の教室に行き、生徒と一緒に食事をしています。放課後には、いろんな部活に顔を出し、一緒に汗を流しています。

　TT（Team Teaching）の授業が始まり、教室に入ると、生徒たちは大喜びです。生徒たちといつも話をしているので、親しみをもっている生徒が多く、生徒は彼が来るのを楽しみにしています。名前も覚えているので、会話も弾みます。彼が教室に来るだけで、英語でコミュニケーションをする事を、生徒たちは快く受け入れているようです。

　昨今、英語でコミュニケーションができるようになることが、望まれています。AET との TT は英語を使ってコミュニケーションをするとても効果的な方法です。

　TT にはいろいろな工夫があります。ワークシートやカードを使ってのゲームやインタビュー活動もその一つです。ワークシートに身近な話題を取り入れ、生徒に興味、感心を持たせます。受験のことで、テストができる授業（文法中心）を望む声も少なくありません。そのために基礎的事項の定着を図るワークシート作りを心がけています。

　時には、クラス全体がシーンと静まり返ってしまうこともあります。原因として、「目的がはっきりしていない」「興味関心がずれている」「難しい」等が考えられます。できるだけ計画をしっかりと立てる必要があると思います。コミュニケーションの授業において、大切なのは、英語でコミュニケーションをしやすい環境を作ることだと思います。AET との TT というだけで、消極的な生徒もいます。生徒の気持ちをほぐしながら、生徒が進んで英語を使おうとする雰囲気を作っていきます。

　私の学校の AET は、日頃の生徒との関わりにおいて、授業が始まる前からよりよい環境を作り上げているのです。私も生徒がコミュニケーションをする能力を伸ばすために、これからもいろいろな工夫をしていきたいと思います。

なく、目立たない孤立した子どもに目を向ける傾向があるためと考えられる。

古城和敏らは、教師が子どもに抱く期待の高低によって子どもの学業成績に対する原因帰属が異なることを報告している。高成績をとったとき、高い期待を抱いている子どもの場合は、本人の能力によるものと原因を帰属するが、期待の低い子どもの場合は、高い成績を本人の能力に帰属する傾向が低くなる。

ブロフィ（Brophy, J. E.）とグッド（Good, T. L.）は、子どもに対する期待の程度によって教師の指導態度が異なることを指摘している。教師は、自身が高い期待を抱いている子どもをほめ、誤答に対するヒントを与える頻度が高いのに対して、期待していない子どもに対しては、回答へのフィードバックが少なく、誤答を叱責する頻度が多くなることを報告している。

ローゼンタール（Rosenthal, R.）は、「教師期待効果」、あるいは「ピグマリオン効果」について提言している。彼らは、小学生に知能検査を実施し、担任の教師には、実際の検査の結果とは無関係に結果を伝えた。無作為に2割の子どもを選び出し、近い将来学力が向上することが予測されるものとして担任の教師に報告した。8カ月後に再度、知能検査を実施すると、担任の教師が、成績が向上すると期待した子どもの成績が実際に向上していた。この現象は、ギリシア神話の逸話で、ピグマリオンという王が自分で彫った女性の像に恋をして、この像が生きた女性であることを信じ期待したところ、女神アフロディーテによってその像に命が与えられたという話にちなんで「ピグマリオン効果」と呼ばれるようになった。これは、子どもに対する教師の期待が子どもの態度や行動に影響をおよぼし、教師の期待した方向に変化させるという現象である。

また、河村茂雄らは、教師の認知的枠組みの一つとして、教師の教育実践に関するビリーフの強さを問題とした。河村らによると、教師は児童との関係や授業の場などの教育実践の場で、絶対的で、教義的な「○○しなければならない」、「○○してはいけない」という強固な信念（ビリーフ）を持つ傾向があるという。ビリーフの内容としては、教師は、児童への統制、集団志

向、管理志向の強いビリーフを持つという特徴がある。このような教師の持つビリーフの強さと小学校児童のスクール・モラールの関係を調べたところ、このようなビリーフの強い教師の学級では、他の教師の学級と比較して、児童のスクール・モラールが低いことが見いだされた。そして、ビリーフの強い教師の指導行動や態度の特徴として、児童に教師の意図した態度や行動を強いるとともに、管理の強い指導行動や態度がみられたという。

　これらのビリーフは教師の感じる不快感とも関連することが報告されている。河村夏代らは、中学校の教師を対象とした研究で、教師が不快感を感じる場面を、生徒の態度が教師や学校規則に反抗的な「対決場面」と、教師を軽視するような「軽視場面」の２種に分類した。「対決場面」では多くの教師が共通して大きな不快感を抱くが、「軽視場面」では教師特有のビリーフを持つ教師の方が不快感を感じやすくなることを報告している。子どもの問題行動という観点から考えると、「対決場面」は反社会的問題行動、「軽視場面」は非社会的問題行動と考えることができる。この調査では、また、不快感の大きさは介入の強さに反映されていることも示されている。彼らは、教師が生徒に対して不快感情を抱くことを否定的に捉えるだけではなく、自身の感情を冷静に把握し、その感情に対処することが、適切な指導介入ができることにつながる可能性を指摘している。

5　学級集団の理解

(1)　学級生活についての満足感の把握

　河村茂雄は、子どもの満足感や充実感を４つのタイプで把握し、さらに各学級内での４つのタイプの子どもの分布状況から、その学級全体の状態を理解する方法を提言している。質問紙法により12項目の質問への回答を、承認得点と被侵害得点の組み合わせによって示す。承認得点が高く、被侵害得点が低い「学級生活満足群」の子どもは、学級内でいじめや悪ふざけなどの

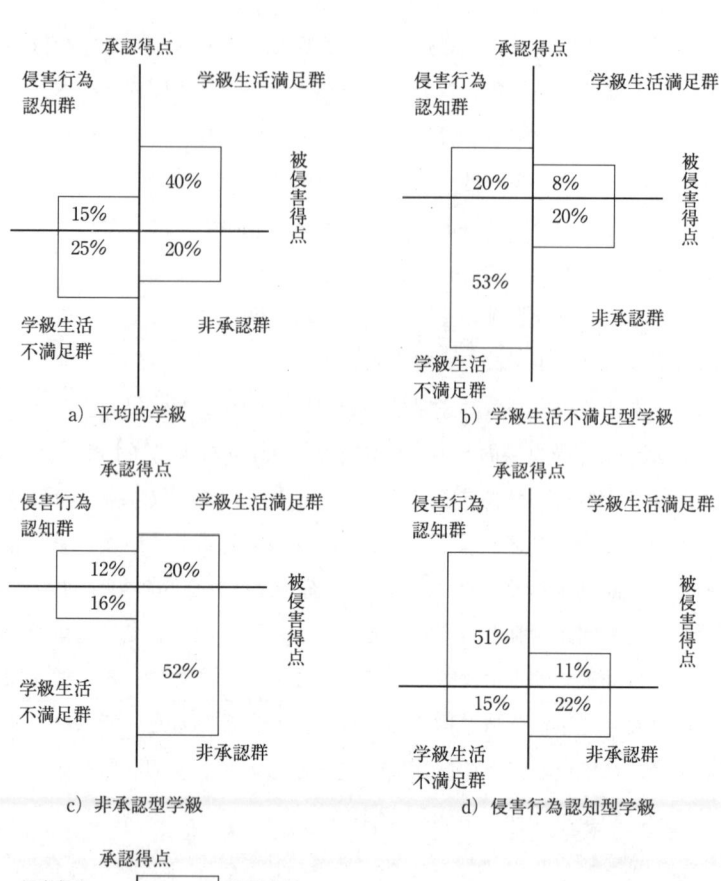

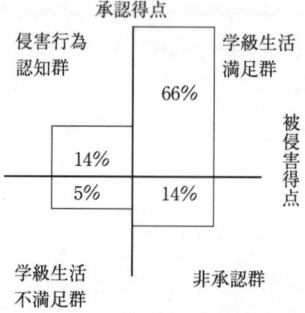

図 3-10 子どもの学級生活への満足感をもとにした学級のタイプ分け

出所）河村、1998

侵害を受けている可能性が低く、自分の居場所があると感じている子どもで、学級生活を意欲的に行っていると考えられる。承認得点が低く、被侵害得点も低い「非承認群」の子どもは、学級内でいじめや悪ふざけなどの侵害を受けている可能性は低いが、学級内に居場所がないと感じている子どもで、学級内で認められることが少なく、自主的に活動するという意欲が低いと考えられる。承認得点は高いが、被侵害得点も高い「侵害行為認知群」の子どもは、学級内でいじめや悪ふざけなどを受けているか、他の子どもとのトラブルを抱えている可能性が強い子どもである。承認得点が低く、被侵害得点も高い「学級生活不満足群」の子どもは、学級内でいじめや悪ふざけを受けている可能性が高いか、あるいは、子ども自身が不安傾向の強い場合も考えられる。また、学級内に自分の居場所がないと感じていて、クラスの友達から認められる機会が低い子どもである。

　河村茂雄は、これら4つのタイプの子どもの学級内の分布により、学級集団の状態を把握することを提言している。平均的な学級では、図3-10のように学級生活満足群が最も多いものの、さまざまなタイプの子どもが混在している。これに対して、学級生活不満足群が多く、学級生活満足群が少なくなる「学級生活不満足型」の学級では、欲求不満の子どもが多く、陰湿ないじめなどが発生しやすい状態と考えられる。学級生活の基本ルールなども無視され始め、子ども同士の間にもトラブルなどが多くなり、集団としての機能が発揮できなくなっている。学級生活不満足群が60％を超えると、学級崩壊の状態となるという。「非承認型」では、子どもの間にトラブルは少なく、一見まとまったクラスにみえるが、子ども同士の人間関係の形成が不十分で、みんなで協力して何かをやるという意識に欠ける面がある。「侵害行為認知型」では、子どもたちの活動意欲は高いが、子ども同士の友達関係が希薄で、トラブルが多く、また、集団として生活していくための基本的なルールが確立されていない可能性がある。「学級生活満足型」では、学級の7割程度の子どもが学級生活に満足しており、不満を感じている子どもが少ない学級である。

COLUMN 7

集団の中の障害児

神奈川県立ひばりが丘学園職員　田辺　淳

　ここ数年、障害を持った児童への教育をめぐる環境は大きな変化を見せており、身体障害の他、知的障害、ダウン症、自閉症、ADHDなどの多様な障害を持った児童を、普通級の枠組みの中で受け入れたり、特別支援学級からの交流といった形で授業に参加するケースが多くなってきている。

　とはいえ、受け入れる側の教師や他の児童にとっては、これまで身近に接する機会の少なかった障害児と、どう付き合うのかという不安があり、参加する障害児にとっては、多くの児童がいる教室に自分がいること自体が緊張を生んだり、授業そのものに興味が持てない、あるいは教室の外に自分の関心を引く対象があって、そちらに行ってしまうなどの行動が出ることも考えられる。

　では、障害を持った児童が集団での学習に参加することは、受け入れる側、参加する側双方に障害と困難をもたらすものなのであろうか。そうとは言い切れない実例も多く存在する。養護学校高等部に入学してきた自閉的傾向の強い男子の場合、入学当初は教室内を走り回り、席について落ち着いて話を聞くことができなかった。しかし、クラスメートの一人が、授業や休み時間に行動を共にして彼と仲良くなり、授業やホームルームの際に、彼が立ち歩いたり教室の外に出たりすると、「○○ちゃん、戻っておいでよ」と呼びかけ、連れ戻して来る。そのうち彼は声をかけられると自分で戻って来るようになり、他のクラスメートも同じように彼と接するようになった。1年次を終える頃には、彼の落ち着きのなさはかなり解消されるようになった。また中学校の特別支援学級に在籍し、音楽の授業で普通級と交流していた情緒障害を有する女子の場合、授業中に奇声をあげたり、気に入らないと自分の手首を噛むといった自傷行為が見られた。が、受け入れ側の生徒に彼女の行動特性について、教師が説明して協力を要請すると、彼女の行動に一定の理解を示し、受容的に接するようになり、しだいに彼女の奇声や自傷行為も少なくなっていった。このことから考えると、障害を持った児童も、学級集団から受容的な態度で接触を受けると、自分の居場所を見いだすことが容易になり、集団に溶け込んでその一員として行動することがある程度可能になると思われる。むろん全てのケースでそうなるとは言えないが、受け入れる側が障害を持った児童に対していたずらに身構えるよりは、その児童の特性を理解し、受容的な雰囲気を醸成することが、受け入れる側、参加する側双方にとって建設的であると言えるのではないだろうか。

河村茂雄はまた、これらの学級のタイプと教師の指導行動についての関連を認めている。すなわち、学級生活満足型の学級では、教師の力量や人間性が勢力となる教師の魅力型の指導行動が多く、非承認型の学級では、教師による罰が勢力となる強制勢力型の指導行動が多い。また、侵害行為認知型の学級では、強制勢力型か、強制勢力も教師の魅力も高い強制勢力活用型が多い。学級生活不満足型の学級では、教師の魅力も強制勢力も低い勢力資源喪失型が多かったという。教師が指導法を工夫することで、学級の雰囲気を変化させる可能性を指摘し、教育実践に応用している。

(2) 学級風土・学級文化

ムース（Moos, R. H.）の組織風土に関する3領域、「関係性」、「個人発達と目標志向」、「組織の維持と変化」に対応させて学級の雰囲気や個性を測定

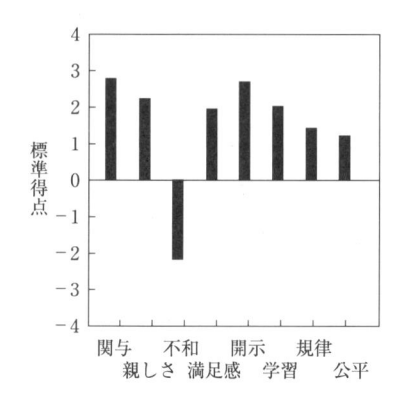

学級1

行事を通しての学級のまとまりや満足感が高く、仲間はずれなどのない開放的雰囲気、学習や規則に対しても素直でまじめなクラス。今後の変化の吸収の仕方が課題となる。

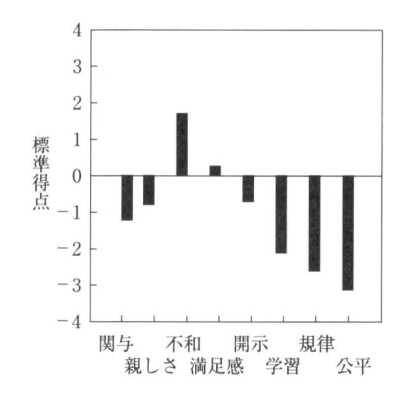

学級2

元気はよいが、学級活動や学習への関心が低く、教師の指示にもあまり従わないが、教師に対して強い拒否があるわけではなく、皆がそこそこに満足しているクラス。

図3-11 学級風土の診断

出所) 伊藤・松井、2001より作成

しようとする試みもある。この方法は、学級を個人のごとく扱い、その個性を学級風土として質問紙で調査する方法である。

伊藤亜矢子・松井仁は、欧米の質問紙にコンサルテーションなどから得た実践的な情報を取り入れ、学級を単位に分析を行った。その結果、「学級活動への関与」、「生徒間の親しさ」、「学級内の不和」、「学級の満足感」、「自然な自己開示」、「学習への志向性」、「規律正しさ」、「学級内の公平さ」の8尺度を得た。これらを用いて、学級風土の事例を記述、学級の現状や課題を導くことができるとしている（図3-11）。

また、ハーグレヴス（Hargreaves, D. H.）は、集団目標と密接な関係にある価値、信念、規範という3つの側面から捉える集団文化という概念を提唱している。集団成員たちによって共有された意味づけや行動様式の体系を指す。この集団文化は勢力資源と密接に関連があることが注目されている。学級においても同様のことがいえる。西本裕輝は、小中学生を対象に生徒文化を測定し、「アカデミック志向」、「規律遵守」、「エンジョイ志向」、「学校適応」の4因子を見いだし、これらの因子得点により学級文化をタイプ分けした。その結果、勉強することに価値を置く「アカデミック志向」の学級、学級の決まり事などを守ることに価値を置く「規律遵守」の学級、皆で楽しくやることに価値を置く「エンジョイ志向」の学級という3タイプを見いだしている。西本は、これらの学級文化と教師の勢力資源との関係を分析し、学級文化により評価される教師の勢力資源が異なることを報告している。

6　小集団学習と習熟度別クラス編成

(1)　小集団学習の特徴

一斉指導と平行して、学級をいくつかの小集団に分けて、小集団ごとに学習活動を行う方法が用いられることが多い。集団の持つ特徴を利用することによって学習活動を促進しようとするものである。小集団学習の特徴として、

小川一夫は次の4点を挙げている。
① 少数の対面的集団であるため、情緒的関係が強まり、感情や意見を自由に表現できる。
② それにともなって、自己洞察や他者理解が深まり、対人感情の学習が行われる。
③ 集団への参加の機会が多くなり、それに従って社会的評価を受けることが多くなるため、学習や集団活動への動機づけが強まり、自己評価も高くなる。
④ 集団活動への動機づけが高まるにつれて、社会化の学習が進む。

小集団学習の目的は、学級を小集団に分割することではなく、小集団活動を通して学級全体の学習活動を活性化し、学級の連帯感を育成することにある。

最近では、学級そのものの人数を少なくする少人数学級も取り入れられている。上記の少人数集団と同様の特徴が期待できる一方、学級という母集団がないための欠点も指摘されている。例えば、ともに学ぶ仲間が減ることで、集団教育の大きな効用である知識の広がりが限られてしまうこと、子どもの教師に対する依存性が高くなること、多様な価値観に触れる機会が少なくなることなどが指摘されている。

(2) バズ学習

討議を用いた小集団学習の一種と考えられるのがバズ学習である。バズとは、蜂のブンブン、人間のガヤガヤという意味である。必要に応じて4〜6名の少人数のグループで短い話し合いを行い、その結果を持ち寄って全体討議をする方法である。場合によっては、全体での討議結果を持ち帰って、再度、グループで話し合いを行う。このようにバズ学習では、個人での学習への取り組みとグループでの話し合い、全体での話し合いを繰り返しながら、学習が進められる。

多人数の討議では、成員全員が発言の機会を持つことは難しく、多くの人

COLUMN 8

競争原理を活用し成績を伸ばすための「学力別クラス編成」

宮城県私立古川学園高等学校　俣野聖一

　本校普通科進学コースは、16年前に商業高校の中に間借りする形でスタートした。当初は、中学時代にあまり学力面で振るわなかった生徒達に大学進学の夢を持たせ、学校としても受験校としての実績を早く確立させたいという目標を立て、「燃える進学教育」というスローガンを掲げ、多くの大胆な教育システムを試みた。その中でも特徴的であったものが「学力別クラス編成」である。

　3年間という限られた時間の中で、志望大学に現役合格できる学力をつけさせるためには、生徒本人の努力もさることながら、常に同級生（ライバル）といい緊張関係の中で学習活動を行った方が効率的である。その具体的方策として位置づけている、本校の「学力別クラス編成」は、定期考査・模擬試験の合計点で学期毎にHRクラスを入れ替えるというものである。「学力別」というと、どうしても「生徒の差別」という暗いイメージが先行しがちだ。そこで、現在の位置（クラス）は自分の努力の結果であることを明確に示し、生徒の努力に短期間で応えることのできるシステムを導入している。特に高校1年生などは、学年全体の半分以上の生徒がクラス替えを経験することになり、その流動的な部分がいわゆる「差別」という負のイメージを払拭し、生徒のやる気を喚起する原動力となっている。

　しかし、やはりシステムである以上、その効果を文理コース別にクラス編成する3年進級時まで持続させるということは、大変に難しい面もある。自分の学力に見切りをつけて、ほどほどのクラスに安住してしまう生徒が2年生中期頃から現れ始めるからである。受験の基礎を固める大変重要な時期であるので、大変に重大な問題であると言わざるをえない。そこで、3年次のコース編成の基準に模試の偏差値を導入するなどの方法を取るのであるが、一番大切なことはクラス担任がいかにそのクラスにあった形で、生徒の気持ちを上位クラス（最上位クラスは全国レベル）に向かわせるかということである。担任が思春期の生徒の気持ちの中に「ライバルに負けたくない」という炎をいかにして灯していくか、生徒の目標の達成のために教師の力量が問われる部分である。

　「学力別」「進度別」は確かに効果の上がるシステムだ。しかし、この十数年で実感したことは、その真の効果は生徒の将来の夢に真剣に応えようとする教師の「燃える」思いに他ならない、ということである。

は発言の機会も与えられないまま、受動的な参加で終わることが多い。しかし、バズ学習では全員が学習課題を自らの問題として捉え、主体的、積極的な態度で討議に参加でき、集団参加へのウォーミングアップ効果も大きいことが報告されている。

バズグループを分ける際、課題の種類によっては、同じ能力や資質を持つ等質のグループにするか、異質のグループにするかという問題がある。また、各グループにおけるリーダーの存在やそのあり方によって学習効果が異なる面もある。さらに、成績上位者にとっては学習成果があまり認められないことがあることも報告されている。

(3) 小集団学習の編成

小集団学習を効果的に行うためには、小集団の編成方法が問題となる。小集団を編成する方法としては、ⅰ）特別活動などで多く用いられる興味別編成や、ⅱ）能力・性などの点で偏りのない均等な小集団を編成する均等編成、ⅲ）研究し、解決すべき課題がいろいろ挙げられ、各自の希望によって課題を選択し、課題別の小集団が編成される課題別編成などの方法がある。また、ソシオメトリック・テストの結果、排斥関係がなく、選択関係のある者ができるだけ多くなるような編成をする方法もある。田中熊次郎によれば、それぞれの子どもが自分とともにありたいと願う少なくとも１人の相手が集団に所属していることが必要であるとしている。

(4) 習熟度別クラス編成

1978年の学習指導要領で「習熟度別学習指導」が初めて導入された。これは、学力の個人差に応じたきめ細かな指導を行うことを目的として導入された。習熟度別にグループを分けることによって、教師は指導の目標とターゲットを絞り込むことができ、それぞれのターゲットにあった指導法を柔軟に採用できる。一方、子どもにとっても、自分の習熟度にあった教材や課題に取り組むため、達成が得やすい。

習熟度別クラスの最も大きな問題として、所属するクラスによって生じる劣等感や差別意識が指摘されている。テスト成績をもとに機械的にクラスを振り分けるやり方では、不満や劣等感を抱きやすく、期待していた効果を得にくいだけでなく、学校不適応などの問題を起こしやすくなるといわれている。このため、テスト成績や各クラスの学習内容を説明しながら、子どもの希望を取り入れ、子ども自身が納得できるクラス分けを行う、また、所属クラスが固定化しないようにルールを決めてクラスの編成替えを行うなどの工夫がされている。

　また、習熟度別クラスは、等質性の高い集団である。そのため、教師にとっては指導しやすいが、反面、通常の異質メンバーで構成された集団による集団過程が起こりにくい。すなわち、教え合ったり、他者を見習うなどの場面が少なくなる。習熟度別クラスを導入している場合も、異質集団である学級集団の機能を利用しながら、教科や課題によって補助的に習熟度別クラスを併用している場合が多い。習熟度別クラスの効果的な運営方法などに関しては、今後の研究が待たれる。

引用文献

蘭　千壽　1992「対人関係のつまずき」木下芳子責任編集『新・児童心理学講座　第8巻　対人関係と社会性の発達』金子書房、pp. 261-295

伊藤亜矢子・松井　仁　2001「学級風土質問紙の作成」『教育心理学研究』49、pp. 449-457

大平　健　1995『やさしさの精神病理』岩波書店

小川一夫　1979『学級経営の心理学』北大路書房

落合良行・佐藤有耕　1996「青年期における友達とのつきあい方の発達的変化」『教育心理学研究』44、pp. 55-65

河村茂雄　1998『崩壊しない学級経営をめざして―教師・学級集団のタイプでみる学級経営―』学事出版

河村茂雄・田上不二夫　1997「教師の教育実践に関するビリーフの強迫性と児童のスクール・モラールとの関係」『教育心理学研究』45、pp. 213-219

河村夏代・鈴木啓嗣・井上圭司　2004「教師に生じる感情と指導の関係についての研究―中学校教師を対象として―」『教育心理学研究』52、pp. 1-11

古城和敏・天根哲治・相川　充　1982「教師期待が学業成績の原因帰属に及ぼす影響」『教育心理学研究』30、p. 2

児玉　省ほか　1968「幼児・児童の問題行動の分析」『日本教育心理学会第10回総会発表論文集』pp. 290-297
佐古秀一　1992「学校の文化と生活」梶田叡一責任編集『新・児童心理学講座　第13巻　学校教育と子ども』金子書房、pp. 25-57
塩田芳久　1965『小学校のバズ学習―その実践的研究―』黎明書房
田中熊次郎　1964『実験集団心理学』明治図書
田中熊次郎　1975『児童集団心理学』（新訂）明治図書
永田良昭「学級集団における社会化」岡本夏木・古沢頼雄・高野清純・波多野誼余夫・藤永　保編　1969『児童心理学講座9　社会生活とマス・コミュニケーション』金子書房、pp. 37-100
西本裕輝　1998「教師の勢力資源と学級文化の関連性」『社会心理学研究』13、pp. 191-202
藤井恭子　2001「青年期の友人関係における山アラシ・ジレンマの分析」『教育心理学研究』49、pp. 146-155
前田健一　1995「児童期の仲間関係と孤独感―攻撃性、引っ込み思案および社会的コンピテンスに関する仲間知覚と自己知覚―」『教育心理学研究』43、pp. 156-166
前田健一　1995「仲間から拒否される子どもの孤独感と社会的行動特徴に関する短期縦断的研究」『教育心理学研究』43、pp. 256-265
前田健一　1998「子どもの孤独感と行動特徴の変化に関する縦断的研究―ソシオメトリック地位維持群と地位変動群の比較―」『教育心理学研』46、pp. 377-386
三隅二不二　1984『リーダーシップ行動の科学』（改訂版）有斐閣
村井健祐・土屋明夫・田之内厚三編著　2000『社会心理学へのアプローチ』北樹出版
Bellak, L., 1970, *The Porcupine Dilemma : Reflections on The Human Condition*, Citadel Press.（小此木啓吾訳　1974『山アラシのジレンマ』ダイヤモンド社）
Brophy, J. E. and Good, T. L., 1974, *Teacher-Student Relationships : Causes and Consequences*, Holt, Rinehart and Winston.（浜名外喜男・蘭　千壽・天根哲治訳　1985『教師と生徒の人間関係』北大路書房）
Hersey, P. and Blanchard, K. H., 1977, *Management of Organizational Behavior* (3rd ed.), Prentice-Hall.（山本成二・水野　基・成田　攻訳　1978『行動科学の展開―人的資源の活用―』日本生産性本部）
Sherif, M., 1936, *The Psychology of Social Norms*, Harper & Brothers.

第4章

検査と評価（生徒を知ることと評価すること）

●本章のねらい

　教師は多人数を相手に学級単位で教育をすることが多いが、本来の教育は教師と生徒が1対1で教育するのが理想である。学校教育では、やむをえずそれを多人数集めて教育することになっている。生徒の数が多人数であればあるほど、1人の教師が行う教育は理想から離れていくことになる。このような短所を回避するには、生徒一人ひとりの情報をしっかりと教師が入手し、理解することが必要となる。

　この章では、一人ひとりの生徒を知る方法をまずは中心に学んで欲しい。そして、それを個別の学習援助に活かすために、生徒の学習評価をすることが必要になる。これを教育評価という。この教育評価の内容も合わせて、この章で学ぶことにする。

1 生徒を知ることの大切さ

教育現場における教師の活動は、生徒の全人格的育成に関わっている。教科学習の指導をするのみが教育ではない。学校教育においては、教師が多数の生徒を集団的に指導をしなければならない一方で、生徒と個別に接したり、個別に指導をすることが大切である。生徒の側からすると、教師は個別に対応をしてくれるのが当然のことと思っている。教師が生徒一人ひとりに対して、よい関係を持ち、適切な学習指導や生活指導をするには、生徒のいろいろな側面の情報に気をとめることから始まる。生徒個人の情報にはいろいろな側面がある。表4-1に生徒の情報の主な側面を挙げた。

表4-1に挙げたような個人の情報は、プライベートなものもあるので扱いは慎重でなければならないが、これらの情報を教師が知ることによって、生徒への配慮、接し方、個人の問題の発見、適切な指導などがしやすくなる。教師、特に学級担任は、これらの情報を生徒一人ひとりの資料として整理しておくことが大切である。生徒を知ることは、個別の対応をする第一歩なのである。

表 4-1　生徒の個別的な情報

情報の側面	内　容
個人のバックボーン	家庭環境、家族構成、生育歴、健康状態、既往症　など
内面的側面	興味・関心、希望する進路、希望の職業、悩み、不安　など
人格的側面	適性、性格、知的能力、運動能力、体力　など
学内外の行動	友人関係、委員等役割、サークル活動、社会活動　など
学習的側面	得意・不得意科目、教科別成績、総合学力、読書力、出席状況　など

2 生徒を知るための方法

　生徒を知るための方法は、教育学、心理学、社会学などで使用している方法を利用するのが便利である。その方法を以下に述べていく。

(1) 面接・面談をする（面接法）

　教師が直接、生徒あるいは親に会って、話を聴きながら知る方法を面接法という。この方法は、最も細かく聴けることと、相手の反応を見ながら内容を聴くことができるので、詳細な問題や相手の気持ちを配慮する必要のあるときに、有効である。また、生徒の意向を教師に伝えることもできるので、生徒と教師のコミュニケーションの手段として定期的に面接の機会を持つのもよい。また、心理相談や治療的面接（カウンセリング）には欠かせない方法でもある。親と生徒と教師のように、1人対1人ではなく、複数人対1人の場合もあり、この場合は特に面談という。家族環境、生育歴、現在の心境、進路相談、悩み相談などは、面接法で行うのが一般的である。

(2) 観察をする（観察法）

　教師が生徒を観察することによって知る方法を観察法という。一般には、遠目からの行動観察が中心になる。観察される側は意識しないでありのままの姿が観察されるので、自然観察法という（研究的には、観察場面を操作的につくって観察をする実験的観察法もある）。観察法は、生徒の行動のありのままが観察されるので、友人関係や社会性などがわかりやすい。また、活発さや表情が観察されるので、細かい観察力があると、現在の心的な状況も理解しやすいので、学校教育の中では多く用いられる。ただ、観察の目が細かくないと情報を見逃すことが欠点であるために、観察法には観察記録表が使用されるのが一般的である。観察記録表は、観察しようとする行動を項目にあらかじめ用意して、チェックや評価あるいは自由記入できるようにした一覧表であ

る。クラス全体の人間関係、生徒個人の友人関係、校内での時間の費やし方、校内での表情、問題行動などあらゆる側面の資料が収集できる。

(3) 作文や論述を書く（自由記述法）

あるテーマで生徒に自由に作文や自論を書いてもらい、その内容から生徒の情報を得ることも学校ではよく使用する生徒を知る方法である。たとえば、「私」あるいは「自分」という題名の作文によって現在の自我形成の状況を知るとか、「将来の生き方」という題名の作文によって進路や価値観形成の手がかりを得ることができる。自由記述法は内省をするにはよい手段であり、生徒の考えていること、悩みや葛藤などの内容が表現しやすいので、面接よりも深く知るのに都合のよい方法である。時には問題行動を起こした場合に、自分からその非に気づくことを期待して、反省日記を書かせるということも、自由記述の有効な利用の仕方である。

(4) アンケートをとる（調査法）

あらかじめ用意した質問を用紙（アンケート用紙）に印刷し、回答を得ることによって生徒の情報を知る方法を調査法という。質問のつくり方にはいろいろな方法がある。回答を自由回答にする自由回答法、選択肢を用意して該当の選択肢を選ぶ多肢選択法、意見や感情の程度を用意した評定段階で評価をしたり、順序をつけさせる評定法などがある。調査法は個別の生徒の内容を知るのみならず、集計をすれば集団（例えば学級全体とか学校全体）の意見や意識を知ることもできる。

(5) 学力試験をする

調査法を教科学習の成果を評価するために質問を作成し、生徒に正解を求める方法にすると学力試験になる。学力試験は、教科教師が日頃の学習成果を評価するために作成する中間試験や学期末試験などの定期試験もあれば、学校単位で一斉に行う一斉学力試験もある。また、より広く実施する標準学

COLUMN 9

調査法の質問形式

調査の質問の仕方はいろいろあります。代表的な質問形式を例示しましょう。

<形式名>　　<質問例>
再生法　　　次の（　）に正しい西暦年を記入しなさい。
　　　　　　織田信長は、（　　　）年に明智光秀に本能寺で討たれた。
再認法　　　織田信長が本能寺で明智光秀に討たれた年は西暦何年ですか。
　　　　　　正しい西暦年に○をしなさい。
　　　　　　　1584　　1192　　1582　　1603　　1562
多肢選択法　あなたの職業を次の中から1つ選んでください。
（択一回答）会社員、教員、公務員、個人営業、その他（　　　）
多肢選択法　下記の中で、あなたが持っているもの全てに○をしてください。
（複数回答）
　　　　　　別荘、自動車、パソコン、ヨット、AV専用室、自転車
順位法　　　次の色を好きな順番に（　）内に順位をいれてください。
　　　　　　赤（　）、橙（　）、黄（　）、緑（　）、青（　）、藍（　）、
　　　　　　紫（　）
評定尺度法　あなたの生活は充実していますか。1つだけ○をしてください。
（5段階評定）　非常に　　　やや　　　どちらとも　　やや　　　非常に
　　　　　　　充実　　　　充実　　　いえない　　　充実なし　充実なし
文章完成法　次の（　　）の中に言葉を入れて、文章を完成してください。
　　　　　　「私は、家庭の（　　　　　　　　）ところが好きです」
　　　　　　「私は、家庭の（　　　　　　　　）ところが嫌いです」
自由記入法　この学園に不満がありましたら、自由にご記入ください。
　　　　　　（　　　　　　　　　　　　　　　　　　　　　　　　　）

　これらは代表的な質問形式の事例です。自分で工夫するといろいろな質問の仕方がつくれます。

力試験もある。標準学力試験は、自治体単位や全国規模で各質問の正答率等を吟味し、個人の学力の水準を信頼性ある基準で評価できるようにした試験である。学力の評価法については、後述することにする。

(6) 心理学に裏づけされた検査をする（心理テスト法）

生徒の人格的な側面（例えば、性格、知的能力、適性など）を知るために作成し、標準化された検査を、心理テストという。標準化された検査とは、理論に裏づけられ、それを測定する手続きをマニュアル化し、内容や結果の表示がしっかりした基準（妥当性と信頼性のある基準）で作成された検査をいう。人のいろいろな側面を知る道具である心理テストには、多種多様な種類がある。表4-2にその主な種類をまとめた。

性格検査は、生徒の性格や情緒面の表出傾向を知るための測定器具であるが、その内容によって質問紙法、作業検査法、投影法に分けられる。一般に学校教育機関で使用するのは、質問紙法の性格検査が多い。質問紙法は本人の内省を問う質問項目を多項目用意し、本人が「はい」、「いいえ」で答えるテストである。性格のどのような側面に特徴があるかを表示できるようになっているので、教師でも生徒でも理解しやすく、実施もしやすい。また、性格検査とは別に心理適応の側面での質問紙法検査も多くある。作業検査法、投影法は、専門家でなければ判定できない。

知能検査は、生徒の知的能力や思考力の発達年齢を知るための測定器具である。検査内容から言語式検査、非言語式検査、その混合検査に分けられる。表示方法が診断性を持つもの（診断式）とそうでないものとがある。また、実施方法が面接式方法か集団式方法かによっても検査内容が分かれる。一般に学校教育機関が使用するのは、用途目的から診断式に表示される検査を、実施のしやすさから集団式方法の検査を使用する。診断式の検査は、能力因子（側面）別に得点表示をすることができるので、本人の得意、不得意の側面を知ることができ、生徒の指導に結びつけるのに便利である。集団式検査は、時間制限法（Speed Test）であることから、知的能力の全体を測定する

表 4-2　心理テストのいろいろ

大分類	分類	内容
発達・知能	個別式検査	ビネー式知能検査をはじめ多くの検査がある。言語式・非言語式の区別や、診断式かどうかでも利用が違う。正確な判定を必要とする場合は、個別式を使用する。
	集団式検査	時間制限法（スピードテスト）のために、簡便的な扱いで利用する。ただ、一度に多数が検査でき、診断式知能検査が多いため、学校教育では利用価値を持つ。
パーソナリティ	質問紙法	多くの質問項目に「はい」、「いいえ」で答えていく形式の検査法をいう。自分を装って「嘘反応」をすることもできる欠点があり、自分が正直に内省することを前提にしている検査である。
	作業検査法	単純作業を長時間続けることによって生ずるパーソナリティの反映を読み取る検査法である。
	投影法	内面の葛藤や不安などが絵や図などを通した反応に投影されることをねらった検査法である。特に深層心理の解釈などに向いている。専門的な技術と解釈が必要であり、検査実施には専門家にゆだねる必要がある。
職業適性・職業興味	質問紙法	質問項目中心による検査である。自己内省を中心にするため、職業興味検査が多い。
	作業検査法	一部知能検査の時間制限法が取り入れられ、なおかつ手先の器用さなどの作業検査も行う。道具も必要であり、学校では実施が難しい。
その他	行動適応	心的適応や行動障害を発見するための検査が多い。
	人間関係	友人関係の構造を知るなどのソシオメトリック・テストがある。
	知覚・感覚・記憶	形態知覚や記銘力の検査がある。

出所）上里、1993 から加筆編集した

ことにならないという欠点がある。正式の知的能力を測定するとき（例えば社会福祉の対象かどうかを行政的に判定する場合など）には個別式検査を用いているために、集団式は実施のしやすさを重視した簡便的方法であることを考慮して利用する必要がある。

　職業・進路関係の心理テストは、その中で最も利用されるのが職業適性検査である。筆記式だけでなく作業器具を必要とする検査もある。生徒の進路

を決めるための手がかりにもなるので、適性検査を実施して結果を知らせることは大切である。また、適性検査とともに実施するとより効率的なものは、職業興味検査である。自分が何に興味があるのかがわからない生徒もいる。適性検査はその人の能力や性格などを加味して、どんな職業に向いているかを検査するのであるが、その前に何に興味があるのかを知る必要もある。

(7) チェックリストを作成する

生徒の知りたい内容をあらかじめ項目に整理し、記録表として用意しておく。その中には、フェイスにあたる固定項目（例えば、住所、家族構成、所属サークル、既往症など）もあるが、定期的に観察をしたり、面接をしたりして記入する項目もある。前述した面接法や観察法には、あらかじめチェックリストを用意して、統一した視点で生徒全員を確認するのが一般的である。これによって客観的な見方ができるので、チェックリストは利用されることが多

表4-3　行動チェックリストの例

記入時期：平成　年　月　日～　月　日

氏名	授業態度							休憩時間の観察									服装・容姿等			
	真剣な態度	意見・質問に回答しなくなった	質問が多い	私語が多い	授業中眠ることが多い	宿題を忘れる	その他	一人でいることが多い	特定の友達といる	大勢と一緒にいる	独立独歩で何かやっている	沈みがち	笑顔が多い	外で遊ぶことが多い	運動場・教室で見かけない	その他	服装が派手	装飾品をつけている	太って(○)やせて(△)きた	その他
○○××		✓				✓		✓					✓	✓						
○×△×	✓	✓							✓		✓									
□○××				✓	✓			✓				✓			✓				△	
△×○□			✓	✓					✓					✓			✓			
×○○△	✓	✓										✓								
△○×□																				

い。チェックリストは、教師が生徒を知るための情報項目を自分で作成するのであり、フェイス項目、人間関係項目、人格項目、生活行動項目、心理変化の項目など、生徒の全容と変化を知るための記録表にする。個人別のカードにする場合もあり、クラス全員が一覧できるように表にする場合もある。個人のプライベート情報の入った資料になるので、セキュリティを配慮した保管体制も大切なことである。表4-3はチェックリストの例である。

3 学習の成果を評価する

(1) 教育評価の目的と機能

　学校教育では、教科学習のみならず全人格的な育成をめざし、生徒の可能性を引き上げることを目的に教育をしている。その教育の目的を効果的に進めるためには、教育成果をチェックし評価する作業が必要になる。一般にこの作業を教育評価（educational evaluation）という。これまで述べた生徒の内容を知る作業は、教育測定（educational measurement）や個人情報の収集になる。これらは内容把握を中心にした概念であるが、評価は成果を活かすことを目的にした概念である。堀ノ内敏（1974）は、教育評価の主な機能を7つほど指摘している。①個々の児童・生徒の学習に対する診断と指導の資料とする。②児童・生徒に自分の学習状態を認識させ、学習に対する動機づけを与える。③カリキュラムの妥当性や指導法、教材などの適否を吟味検証し、改善につなげる。④ガイダンスやカウンセリングのための基礎資料として、児童・生徒の適応状況や学力・性格などの詳細な情報を提供する。⑤学校、あるいは学級としての教育成果について資料提供する。⑥地域社会や父母の不安を解消し、協力を得るための評価をする。⑦管理機能として指導要領や通知表の作成および進級などの判断資料を提供する。

　このように、教育評価の作業は生徒の指導のための大切な指針づくりなのである。

(2) 教育評価の範囲

　教育評価は、生徒一人ひとりの学習活動や人格育成に関わる情報の集積を経過した上での評価である。評価は、単純に生徒を対象にした評価にとどまらない。教育する側の教師あるいは学校に対する評価も含まれる。以下（表4-4参照）に、その主な評価の側面を整理しておこう。

1) 生徒の人格育成上の評価

　生徒の性格、知的能力、適応、適性、健康面に対する成長の視点での評価である。生徒の自我形成への援助、社会性への援助、健康面での維持・向上への援助、問題行動などの回避と予防などに結びつけるための評価である。

2) 生徒の教科学習上の評価

　生徒の各教科の学力、学習努力の成果、学習行動など教科学習に対する評

表 4-4　教育評価の側面

側　面	内　容	対　応
生徒の人格育成上の評価	性格、解決力、適性、適応、友人関係、心身の健康、学内・外の行動　など	自我形成への援助、社会性の援助、健康面での指導、問題行動への予防　など
生徒の教科学習上の評価	教科ごとの学力、勉学態度、学力の向上度　など	勉学態度の指導、学習方法の指導、学習目標の設定、進路指導　など
生徒の生活、生活環境の評価	生活の送り方、生活態度、課外活動、地域活動、家庭環境、地域環境、本人にとっての学校環境　など	生活の送り方への援助、課外活動への援助、地域活動への援助、家庭環境への配慮、学校環境への配慮　など
教師側への評価	教授法、教材、学習目標、学習の成果、生徒への指導方法、生徒への接し方　など	教授法の改善、教材、教科書の検討、学習目標の設定、生徒個々への指導・援助、生徒への接し方の適不適　など
学校側への評価	学校施設の設備、教室の機器設備、標準学力試験の学校評価・給食・保健衛生の評価、地域・父母・PTAへの接し方　など	施設設備の改善、カリキュラムの見直し、教員人事の見直し、給食や衛生面の改善、地域とのコミュニケーション、父母とのコミュニケーション　など

価である。生徒個人の教科に対する勉学態度、学習方法に対する指導、学習目標の設定、進路への指導などに結びつけるための評価である。

3）生徒の生活および生活環境の評価

生徒の生活の仕方や課外活動など、人格育成と教科学習の周辺に位置する行動の評価および環境上に視点を置いた評価である。日常生活、学校内での生活、課外活動、学外の社会活動などに援助や指導の必要性があるかどうかを判断することに加えて、家庭環境、地域環境、学校環境など環境面が人格育成や学習行動によい状態であるかの評価である。

4）教師側への評価

生徒一人ひとりの評価とともに、教育評価は教師の側への評価も大切である。教師の学習上での指導方法、教授法、教材の選定、教科書の選定、学習目標の設定、生徒への接し方、生活上での指導など多くの課題が教師側の判断に頼っており、これらが適切であるかどうかの評価である。

5）学校側への評価

学校管理の立場でみた場合に生ずる学校施設や設備、カリキュラム、教員の人事配置、教員の質、給食内容、地域や父母とのコミュニケーション、PTA活動などに関する評価である。必要に応じて、教育行政（教育委員会）への関わりをも評価の対象になる。

4　どのように評価をするのか

(1) 評価は誰がする

教育評価は、生徒の人格上の育成・向上を目指し、学習効果をあげるための成果があがっているかを、表示することが求められる。それを生徒自身あるいは教師が認識し、次のステップに活かされることが必要である。これまでの学校教育では、その評価の大半は教師が行うものであったが、今や教師とともに生徒自身も評価に加わることが当たり前になってきた。教師は生徒

への育成、指導の面での視点から評価をし、生徒は自分の努力成果を自己評価するとともに、教師の教授法への評価もすることがある。教師の視点からの評価と生徒の視点からの評価を、お互いが知ることによって、更なる向上に結びつけようとする。中には、学習目標を生徒自身が設定することも取り入れられている。したがって、評価の視点を細かく持つことが要求されている。

教師、生徒以外に第三者が教育評価に加わることもある。学年主任や学校側の視点から、管理者が教育評価をする側になる場合もある。しかし、本書では、教師と生徒を中心にした教育評価にとどめておく。

(2) **学習プロセスに応じた3段階の評価**

学習目標がある程度設定できる教科の成果を評価する場合には、3つの段階で評価をすることが多い。特に、教科学習については中・短期的に学習目標を設定して学習指導を行うので、この3段階の評価は有効に働く（橋本・肥田野、1977）。

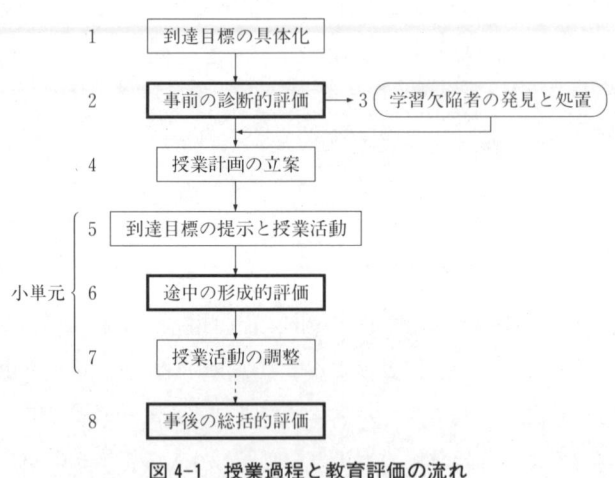

```
1  到達目標の具体化
2  事前の診断的評価 → 3 学習欠陥者の発見と処置
4  授業計画の立案
        ┌ 5  到達目標の提示と授業活動
  小単元 ┤ 6  途中の形成的評価
        └ 7  授業活動の調整
8  事後の総括的評価
```

図4-1　授業過程と教育評価の流れ

出所）橋本・肥田野、1977

第1段階めの評価は、単元が始まる前に行う評価である。学習目標を具体化するときに行う評価で、診断的評価といっている。生徒の現状の学習水準およびレディネスなどを個々に把握する。生徒たちの学習水準の現状を捉えるとともに、これからの単元をどのような学習目標にするか、どのような学習計画で進めていけばよいかの診断をするための評価である。次の単元を想定した学力試験、これまでの授業内容の成果、生徒への聞き込みなどを資料にしながら、次の学習計画を具体的につくる。すでに理解されている箇所と理解されていない箇所を探る必要があるので単元の中身を要素に分けて、要素ごとの学力診断をする。その診断結果から、どのような指導プロセスを経れば、学習目標に効率的に到達できるかを検討する。

　第2段階めの評価は、学習目標に向かって学習進行中（学習形成中）に評価をすることから、形成的評価と呼んでいる。この評価は、学習計画どおりに進行しているか、生徒の学習がその計画どおりに形成しているかを確認するための評価である。学期で考えれば中間試験などがそれにあたるが、単元の途中途中に課題提出をしたり、生徒自身が自己採点をして自分の不足部分を発見するなどの評価作業を行う。学習目標へのアプローチの確認、授業計画の見直し、不足部分の補修、目標までのスケジュールの調整などを形成的評価から得るようにする。そのため、この段階での評価は、目標達成度や生徒の自己診断が最も大切な評価ポイントとなる。

　第3段階めの評価は、単元が終了した時点での、最終的に目標達成ができたかのかの評価である。この段階では、学習目標どおりの成果がえられたかを各生徒一人ひとりが確認する作業が必要である。また、目標に到達できなかった生徒がとのくらい発生しているのか、未達成の生徒にどのような補習をすればよいのかの検討もする必要がある。単元に組んだ学習計画で十分であったのか、改良する必要はないのかなどの評価もする。いろんな側面からの評価が必要になるために、この段階での評価を総括的評価と呼ぶ。教師の作成した試験、標準化された学力試験、生徒の自己採点、生徒からの学習計画に対する評価などが資料に利用される。この評価から、授業法、教材、学

習計画の適不適を判断し、また、次の単元への学習目標の検討もする。総括的評価から通信簿や生徒個別の学習指導カードの作成をし、学習指導面接や進路指導などの資料にもする。

(3) **教育評価の基準**

　教育評価には評価基準が必要となるが、一般に、絶対基準、相対基準、個人内基準の3つの基準が考えられ、これらの基準で評価した内容を、絶対評価、相対評価、個人内評価という。特に評価を数値的に表示しようとする場合、どの基準を使用しての数値なのかを明確にしておくことが肝要である。

1) 絶 対 評 価

　学習目標などのように達成目標が明確になっている場合は、その目標が基準になる。この目標をクリアしたかどうかを評価する。基準である達成目標は、学習内容や教育内容そのものであるために、ゆらぐことのない明確な到達点が決められるので、「絶対」性のある基準からの評価という意味で絶対評価という名称になっている。たとえば学級において、単元ごとに達成目標を学級成員の全員が到達すれば、全員が絶対評価では合格点になる。人数の配分は意識しないで、学習内容の達成度によって評価することになる。絶対評価は、単元ごとの学習目標や年間の学習目標などを設定することが、第1に必要になる。また、評価を細かくしようと考えると、教育計画に沿って、いくつかの小さな目標を設定していくことが望まれる。教育評価は絶対評価を中心にするのが最も大切な評価であるが、目標を細かく設定することの困難さと、その得点化（数値化）の難しさがあることから、決められた評価方法があるわけでもない。教師、学校などでまちまちの評価方法をとっている。

　きめ細かく学習目標を分けて、その目標ごとに生徒各自が到達したかをテスト問題でチェックできるとしたら、そのテスト問題の採点は絶対評価の一つである。学園生活における行動課題（例えば掃除当番の順守やホームルームでの積極的発言などの課題）を明示し、それを月ごとに行動観察をして回数を数えて到達度とするのも絶対評価の一つである。

このように、絶対評価は目標到達や課題到達を評価することに主眼を置き、その達成度から生徒の成果や課題を検討することになる。絶対評価は、診断的評価、形成的評価、総括的評価のどの段階でも必要となる評価基準である。

2) 相対評価

評価の基準には、集団の中の位置づけを基準にした評価もある。このような評価を相対評価という。相対評価は、どのような集団の範囲での位置づけにするのかによって基準が異なることから、相対基準での評価となる。そのときの集団を準拠集団という。約40名の学級を準拠集団にしたり、学年全体の成員を準拠集団にしたり、時には都道府県単位の同学年の全員や全国の同学年の全員を準拠集団にしたりもする。もし、統一のテストを実施したら、それぞれの準拠集団で平均得点は異なるわけで、もし平均得点を基準にして評価をするとしたら、準拠集団が違えば基準が異なることになる。すなわち、集団によって相対的に基準が異なる評価になるのが相対評価の特徴でもあり、欠点でもある。しかしその欠点があるにもかかわらず、相対評価はよく使用される。個人の学力を順位に並べたり、成績評価のAランクが上位10%、Bランクが上位から11～30%、Dランクが下位から11～30%、Eランクが下位の10%、残りの中位40%がCランクというような成績評価をすることはよくあることである。これらは相対評価での評価例になる。標準化した学力テストや予備校などでよく使用する学力偏差値も相対評価の使用例である。

相対評価は数値化することが容易であり、その数値化に統計的手法を用いることが多い（統計的手法の説明は次節で説明する）。相対評価は多用されがちであるが、教育評価としては二次的評価であると考えたほうがよい。絶対評価のように教育目標の達成内容を評価したものではないので、その評価から教育内容と関連づけることが厳密にできない。また、次に述べる個人内評価のように個人の学習成果を評価するわけでもないので、個人の努力評価ともなりえないのである。相対評価が最も効力を持っているのは、マクロ的視点から、学級格差、学校格差あるいは地域格差を発見するのに必要な見方である。

わが国の教育評価で相対評価の見方が個人評価に多く用いられるのは、入学試験が相対的な競争原理で成り立っており、個人の相対的位置が入学試験の合格不合格と直接的に結びついているからである。そのために必要以上に相対基準評価が大きな指標になってしまったのである。教育評価において相対評価は総括的評価の段階で用いられる。この場合は、他との格差などの視点を入れて総合的に評価をし、次の教育計画や学習目標を考える資料にするのである。

3）個人内評価

　教育は生徒の一人ひとりの人格育成や学習向上を目的としている。教育の場面での評価は、一方では学習目標や教育目標に生徒の学習成果が到達しているかを評価（絶対評価）するが、もう一方で個人の向上度を基準にした評価が大切になる。この個人の向上度を基準にした評価を個人内評価という。

　基準として、単元の出発時における生徒個人の水準を基準にして出発時からの向上評価という見方と、個人の学習目標水準を基準にして個人目標達成度を評価するという見方がある。どちらも個人の水準を基準にし個人の向上度をみることに変わりはない。絶対評価の基準は客観的な教育目標であるため学級内の生徒全員が同じ基準で評価されるのに対し、個人内評価の基準は生徒一人ひとりが別々の基準を持つのが特徴である。生徒のそれぞれの学習理解度や学力に個人差を大きく持っている単元での評価をする場合には、個人内評価が大切になってくる。個別指導を詳細にする場合には個人差を重視しなければならないので、個人内評価の導入が必要になる。しかし、個人内評価は生徒それぞれの単元出発点での学習水準や目標をつくらなければならないので、基準の設定をするのが大変な作業となる。生徒自身が自分の目標を設定することもある。生徒が自分に合った目標を設定することにより、学習の動機づけにもなるので効果的である。細かく自分の目標を設定できれば評価や数値化もしやすい。個人内評価を中心にしすぎると個人間格差が大きくなるという欠点があるために、絶対評価や相対評価も並行して評価する必要がある。教育評価としては、形成的評価の段階や総括的評価の段階で導入

表 4-5　個人記録票の一例

```
生徒氏名 _____
生徒番号 _____    生年月日　平成　　年　　月　　日生
住　所 _____        電話番号 _____
緊急連絡先 _____
家族構成：同居祖父、祖母、父、母、兄（　人）、姉（　人）、弟（　人）、妹（　人）
大きな既往症：_____                （　　）歳頃


課外活動：_____
地域活動：_____
希望進路：_____
```

学習面		1学期中間	1学期末	2学期中間	2学期末	3学期末
国語目標	目標到達に○	文学書2冊読む	古文「徒然草」読解	万葉集から江戸文学の歴史	明治・大正・昭和文学史	四文字熟語100選
数学目標	目標到達に○	図形合同証明	因数分解と2次関数	2次関数のグラフ	グラフの移動と式表現	高次関数
・	・	・	・	・	・	・
・	・	・	・	・	・	・
・	・	・	・	・	・	・
学習上の積み残し課題	目標到達できなかった課題					
生活面		1学期中間	1学期末	2学期中間	2学期末	3学期末
人間関係	良かった点を記入					
	悪かった点を記入					
学校内生活	良かった点を記入					
	悪かった点を記入					
学校外生活	良かった点を記入					
	悪かった点を記入					
・	・	・	・	・	・	・
・	・	・	・	・	・	・
・	・	・	・	・	・	・

される。

(4) 質的内容の評価

　教育評価は総合的な評価であるため、全てが基準を設けた評価でもない。特に人格育成の評価については、目標を決めたり、基準を決めたりできるものばかりではない。生徒個人に適切な指導をするためには、個人の向き不向き、関心事、性格、価値観などいろいろな角度から総合的に判断をして、その人に合った指導をするのが大切である。基準や数値化できない質的な側面については、細かな視点での記録票が最も有効な資料である（表4-5参照）。記録票は個人別にカード化し、統一した項目で担当の生徒全員の情報を記入する。いわゆるチェックリストの作成が質的内容の項目であり、それを評価して書き込むのがここでの資料づくりである。その上で、個別な特記事項も記入できるようにスペースを作っておくことも必要である。その資料をもとに、数値化された評価も含めて個人にとって何が課題で、どのような解決をしていくのがよいのかを教育的見地で指導できるようにするのが、教育評価の役割である。したがって、教育評価には質的内容の評価も大切である。個別の適切な生活課題、学習課題などを発掘していくことが、質的教育評価といえよう。

5　教師に必要な基礎的な統計手法

(1) よく使う数値

　教育場面でよく使用する数値を列挙してみよう。すでに日常生活で使用している数値が多いので、数学の苦手な方も抵抗がないと思う。教師は、教育評価をしようとすると、ある程度の数字は扱わざるをえない職業である。したがって、数値に慣れることも必要である。以下に教育場面で使用する代表的な数値を挙げてみる。

得点： テストの点数（テストを実施すれば必ず採点するが、その点数である）
人数： 学級や学年の全員を何かの分類で仕分けした場合のカウント数
百分率（％）： 上記の分類で仕分けした人数を全体からの割合で示した構成比

$$百分率（％）=\frac{カウントされた人数}{全員の人数}\times 100$$

平均値（点）： 学級や学年の全員を平均した値で、最も使用する統計上の代表値

$$平均値（平均点）=\frac{各自の得点の合計}{人数}$$

評定得点： 5段階評定や7段階評定の得点

```
           非常に良い  やや良い    普通    やや悪い  非常に悪い
           ├─────────┼─────────┼─────────┼─────────┤
  評価得点 ⇒    5         4         3         2         1
```

指数： 達成度や習熟度を比率によって指数化する。多くは100を到達点とした指数とする

$$達成率の一例=\frac{個人の学習水準}{学習目標の水準}\times 100$$

順位： 個人を得点順に並べてつけた順番の数値
メディアン： ちょうど順位で真中にあたる人の測定値（得点）

(2) 個人差の大きさ（分布の拡がりの統計）

統計的手法で最もよく算出するのが平均値である。しかし、平均値だけが多量データの統計値ではない。多人数のデータは、個人差があるために得点の散らばりがある。その散らばり具合を、分布の拡がりという。例えば、成人男性の身長は、背の高い人だと200 cm以上の人がいる。低い人だと140 cmくらいの人もいる。これは個人差の大きさである。日本人の成人男性の平均身長は172 cmくらいであるが、特定の集団において最高身長が180

図 4-2 平均値と正規分布

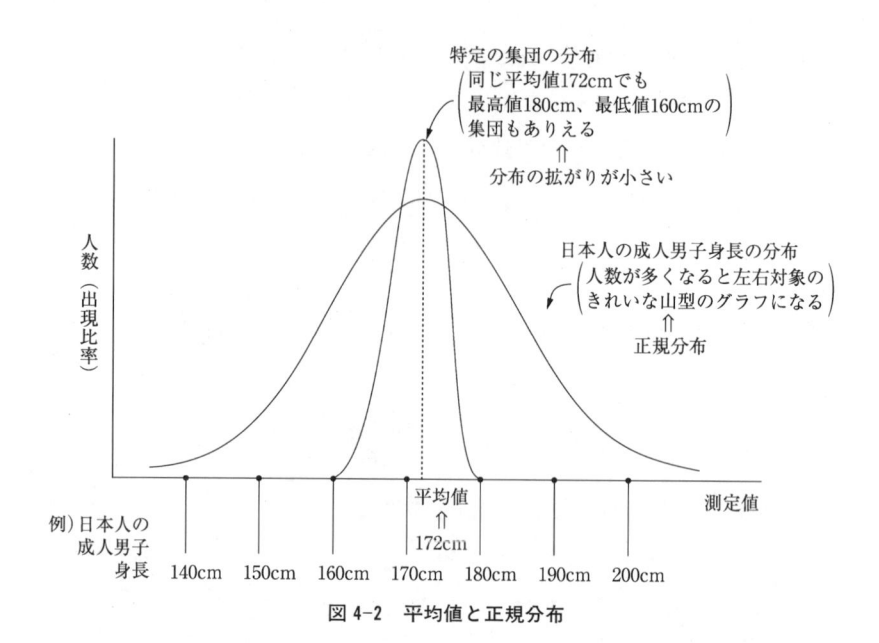

グラフ説明：
- 特定の集団の分布：同じ平均値172cmでも、最高値180cm、最低値160cmの集団もありえる（分布の拡がりが小さい）
- 日本人の成人男子身長の分布：人数が多くなると左右対象のきれいな山型のグラフになる（正規分布）
- 縦軸：人数（出現比率）
- 横軸：測定値
- 例）日本人の成人男子身長：140cm、150cm、160cm、170cm、180cm、190cm、200cm
- 平均値 172cm

cm、最低身長が 160 cm くらいの集団であっても、平均身長は 172 cm となる集団はある。このように平均身長のみでは、全体のデータの範囲はわからないので、個人差の散らばりが別の統計指標で必要になってくる。一般に、平均身長近くの人数は多いが、平均身長から高く（低く）なるほど出現する人数は少なくなる。ましてや 200 cm 以上の人はまれにしかいないほど出現人数は少ないはずである。このように縦軸に人数を、横軸に測定値（この場合は身長）を示してグラフを描くと、平均値を中心にした山型の分布になる。これを正規分布という（図 4-2 参照）。個人差が大きいと山型の裾が拡がり、分布の拡がりが大きいという。この分布の拡がりを示す統計の指標として、下記のような数値がある。

　レンジ (Range)： 最高値と最低値の差
　平均偏差値 (Mean Deviation, M. D.)： 個人の測定値と平均値の乖離（差の絶対値）の平均値

COLUMN 10

Σ（シグマ）

　数式記号の一つで、Σ（シグマ）という記号があります。比較的便利な数式記号でありながら、あまり知られていないようです。数式記号のΣは、"たしあげる（合計）"を示す記号です。

　例えば、5つの値を x_1、x_2、x_3、x_4、x_5 とすると、これら5つの値の合計（$x_1+x_2+x_3+x_4+x_5$）は、

$$\sum_{i=1}^{5} x_i$$

と書きます。iを1から5まで変化させながら、"たしあげる"という意味です。

　もし、数値データ x_i が100人分あるとして、その平均値（M）を算出する場合に、その数式は、

$$M = \frac{\sum_{i=1}^{100} x_i}{100}$$

と書けばよいことになります。

　もし、人数が不定であり、その人数をnとする場合に、その合計値（T）は、

$$T = \sum_{i=1}^{n} x_i = \sum x_i$$

と書けます。一般に総人数がnの場合に、人数分をすべて"たしあげる"場合に、Σの下に書かれている $i=1$ とΣの上に書かれている n を省略し、上式の右辺にあるように書きます。

　したがって、不特定の集団の総人数を n とし、その集団の平均値（M）を数式で表すと、

$$M = \frac{\sum x_i}{n}$$

と書きます。

　このようにΣの数式記号は、統計値を数式で表すときには、よく使用します。

$$\text{平均偏差値} = \frac{\sum |x_i - \text{平均値}|}{\text{全員の人数}}$$

(x_iは、個人 i さんの測定値)

標準偏差値 (Standard Deviation, S.D.)： 統計学では最も使用される指標で、個人の測定値と平均値の乖離を自乗した値の平均値の平方根

$$\text{標準偏差値} = \sqrt{\frac{\sum (x_i - \text{平均値})^2}{\text{全員の人数}}}$$

(x_iは、個人 i さんの測定値)

四分偏差値 (Quartile Deviation, Q.)： 全員の1/4順位の人の測定値と3/4順位の人の測定値の差の半分

$$\text{四分偏差値} = \frac{Q_{3/4} - Q_{1/4}}{2}$$

$Q_{1/4}$は、全員の1/4順位の測定値（25% ile 値）

$Q_{3/4}$は、全員の3/4順位の測定値（75% ile 値）

(3) 個人の分布上の位置

統計は多量データ（多人数のデータ）を処理する手法であるが、分布上で個人を客観的に位置づけるのに便利である。分布上での位置づけを客観的に行うと、違うテストの得点も、標準的な分布の上に一緒にのせて評価できるので、便利である。分布上の位置の指標は、教育評価では相対評価のときに用いることになる。分布上の位置の指標には次のような指標がある。

順位： 特定の個人の測定値が、全員の中で何位にあるかを測定値の高い方から（あるいは低い方から）何番めに位置するのかを示す。

% ile 順位（パーセンタイル順位）： 特定の個人の測定値が、高い方から（あるいは低い方から）数えて全員の何%の位置にあるのかを示す。

標準得点（z）： 特定の個人の測定値が、平均値からどのくらい離れているのかを標準偏差値を単位に表示する。その時に、平均値を0、標準偏差値を1として表す。

$$標準得点 = \frac{個人の測定値 - 平均値}{標準偏差値}$$

偏差値（T）： 上記の標準得点は、平均値が0点で、平均値より高いと正の得点、平均値より低いと負の得点という符号がつく。この符号をなくし、平均値を50、標準偏差値を10とした得点を、特に偏差値という。

偏差値＝標準得点×10＋50

【例　題】

ここで生徒40人のクラスで次のような英語テストの点があったとして、上記の指標を算出してみよう。

英語テストの得点例（40人の得点）

62、86、44、75、36、80、66、96、38、52、58、50、65、70、50、54、46、72、66、64、30、55、60、72、28、64、78、82、68、58、65、72、54、68、48、64、74、88、45、65

平均値：　40人の合計得点は2468点で、2468÷40＝61.7であるから、61.7点となる。

中央値：　上記の人数のちょうど真中の順位は、(40＋1)÷2＝20.5位となる。得点の低い人から数えて20番めの人も21番めの人も64点であるから、20.5位の人も64点とみなしてよい。したがって、中央値は64点となる。

【個人差の大きさの指標】

レンジ：　最高点は96点、最低点は28点なので、96－28＝68であるから、68点がレンジとなる。

平均偏差値（M.D.）：　各個人の得点と平均値（61.7点）の差の絶対値を合計すると485.8点である。これを40人で割ると、12.15点である。これが平均偏差値である。

標準偏差値（S.D.）：　各個人の得点と平均値の差を自乗して合計すると232.5601点である。これを40人で割って平方根すると、15.25点であ

る。これが標準偏差値である。

　四分偏差値 (Q.)：　上記の人数 40 人の 1/4 順位（下から 10 番目）の得点は 50 点である。また、3/4 順位（下から 30 番目）の得点は 72 点である。したがって、四分偏差値は、$(72-50)/2=11$ であるから、11.0 点である。

【個人の分布上の位置】

　英語テストの得点例で 70 点の人の分布上の位置を考えてみよう。

　順位：　70 点の人は得点の高い人から数えて 12 番目なので、順位は 12 位である。

　標準得点：　$z=(70-61.7)/15.25=0.544$ である。70 点の人の標準得点

レンジ(R)＝96−28＝68
標準偏差値(S.D.)　SD＝15.25　$SD=\sqrt{\dfrac{\Sigma(x_i-61.7)^2}{40}}$
平均偏差値(M.D.)　MD＝12.15　$MD=\dfrac{\Sigma|x_i-61.7|}{40}$
四分偏差値(Q.)　Q＝11.0　$Q=\dfrac{72-50}{2}=11.0$

最低点の人から 3/4 順位 (75%ile順位)
最低点の人から 1/4 順位 (25%ile順位)
70点の人の位置

	最低点		平均値		最高点
英語テストの得点	28点	50点 (25%ile値)	61.7点	72点 (75%ile値)	96点
標準得点(z)	−2	−1	0　$z=+0.544$	+1	+2
偏差値(T)	30	40	50　T＝55.44	60	70

$z=(70-61.5)/15.25=+0.544$
$T=Z\times10+50=55.44$

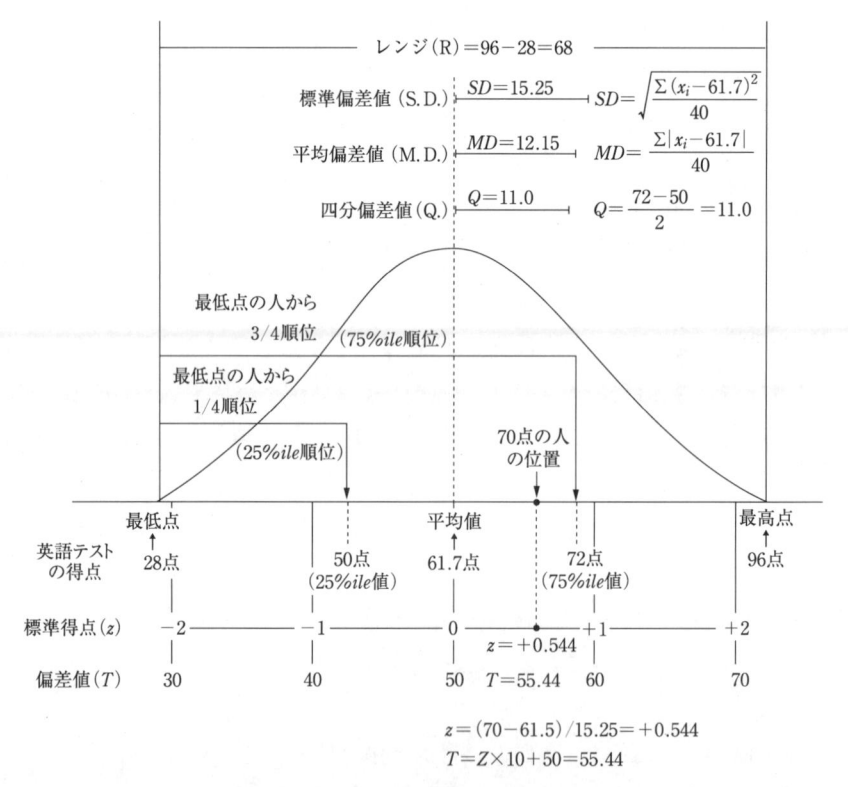

図 4–3　英語テストの得点例における統計指標

は、+0.544 となる。

偏差値： $T = z \times 10 + 50 = 55.44$ である。70点の人の偏差値は、55.44である。

％ile順位： 70点の人は得点の低い人から数えて29番目である。

英語テスト
$SD = 15.25$
平均値 61.7点　70点の人

国語テスト
$SD = 10.20$
平均値 68.0点　70点の人

70点の人の標準得点 $z = +0.544$
（偏差値 $T = 55.44$）

70点の人の標準得点 $z = +0.196$
（偏差値 $T = 51.96$）

違う得点分布のテストの結果を相互に比較したい場合に標準的な正規分布の上に載せて比較することができる。

標準的な正規分布

英語と国語が同じ70点でも平均値と標準偏差値の関係から一つの標準的な正規分布の上に載せると英語の方がよくできたことがわかる。

国語70点の位置

英語70点の位置

標準得点(z)　−2　−1　0（平均値）　+1　+2

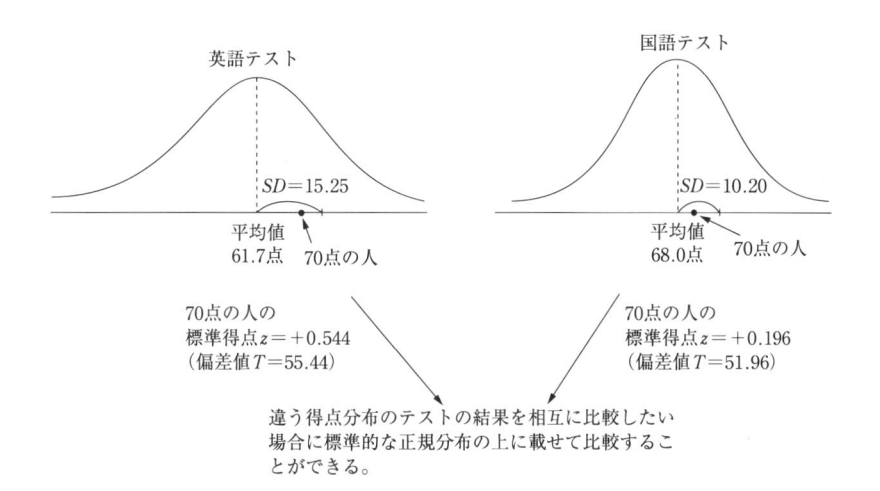

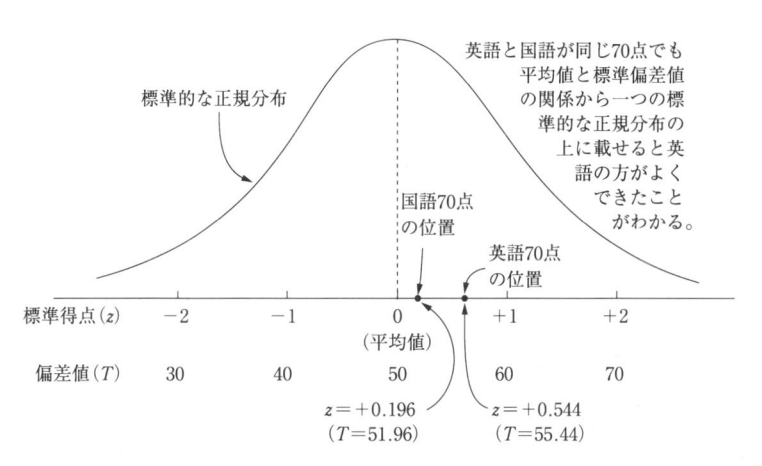

偏差値(T)　30　40　50　60　70

$z = +0.196$
($T = 51.96$)

$z = +0.544$
($T = 55.44$)

図4-4　違う得点分布のテスト得点を標準正規分布の上でみる

29/40×100＝72.5 であるから、72.5％ ile 順位である。
　これらを正規分布の上で図示すると、図 4-3 のようになる。
　この英語 70 点の人の国語テストにおける点数も 70 点だったとする。国語テストのこのクラスの平均点が 68 点、標準偏差値が 10.2 点だとした場合、この人は英語と国語のどちらの方がクラスの中でできたことになるのかを考えてみよう。こういう場合に、個人の分布上の位置を標準得点あるいは偏差値で算出して、標準的な正規分布の上にのせて比較することができる。得点でみれば英語も国語も同じ 70 点であるからといって、同じ評価であるとするわけにはいかない。国語の標準得点は、$z=(70-68)/10.2=0.196$ である。偏差値では $T=0.196×10+50=51.96$ となる。上記で英語の標準得点は＋0.544（偏差値では 55.44）であるから、英語の方がクラスの中ではよくできたことになる（図 4-4 参照）。
　このように、教育場面で教師は統計的手法の基礎知識を少し学んでおくと、評価の手がかりを客観的に表示することができるので便利である。

引用文献
堀ノ内敏　1974「第 8 章教育評価」重松　毅編著『新訂教育心理学』川島書店
橋本重治・肥田野直　1977『最新教育評価法全書　1』図書文化社
上里一郎　1993『心理アセスメント　ハンドブック』西村書店

人名索引

ア 行

アッシュ（Asch,S.E.）	95
アトキンソン（Atkinson,J.W.）	52
蘭　千壽（Araragi,C.）	104
伊藤亜矢子（Ito,A.）	122
ウィクマン（Wickman,E.K.）	114
ヴィゴツキー（Vigotsky,L.S.）	18-21
ウェンガー（Wenger,E.）	23
エリオット（Elliot,E.S.）	64
エリクソン（Erikson,E.H.）	40,44
オースベル（Ausubel,D.P.）	84-5
オールポート（Allport,F.H.）	96
小川一夫（Ogawa,K.）	114,123
オズグッド（Osgood,P.）	82
落合良行（Ochiai,Y.）	106

カ 行

河村茂雄（Kawamura,S.）	99,116-7,114,119
河村夏代（Kawamura,N.）	117
グッド（Good,T.L.）	116
クロール（Kroll,A.M.）	36
クロンバック（Cronbach,L.J.）	85
ケーラー（Köhler,W.）	78-9
ゲゼル（Gesell,A.L.）	15-6
ゲッツェル（Getzels,J.W.）	92
古城和敏（Kojo,K.）	116
児玉　省（Kodama,H.）	116

サ 行

サイモンズ（Symonds,P.M.）	31
佐藤有耕（Satoh,Y.）	106
シェリフ（Sherif,M.）	94
ジェンセン（Jensen,A.R.）	18
シュテルン（Stern,W.）	18
スキナー（Skinner,B.F.）	71-2,74
スキャモン（Scammon,R.E）	8
鈴木慎一（Suzuki,S.）	17
ゼーレン（Thelen,H.A.）	92
セリグマン（Seligman,M.E.）	60-1
ソーンダイク（Thorndike,E.L.）	70-1

タ 行

田中熊次郎（Tanaka,K.）	99,101-2,125
ダンフィ（Dunphy,D.C.）	105
デシ（Deci,E.L.）	55-6
ドゥエック（Dweck,C.S.）	59,64
トールマン（Tolman,E.C.）	78
ド・シャーム（deCharms）	63

ナ 行

西本裕輝（Nishimoto,H.）	113,122

ハ 行

ハーグレウス（Hargreaves,D.H.）	122
ハーシー（Hersey,P.）	111
ハーロック（Hurlock,E.B.）	107
ハヴィガースト（Havighurst,R.J.）	39
パブロフ（Pavlov,I.）	66
ハル（Hull,C.L.）	71
バルテス（Baltes,P.B.）	23-5
バンデュラ（Bandura,A.）	75,77
ピアジェ（Piaget,J.）	18-9
フェスティンガー（Festinger,L.）	97-8
藤井恭子（Fujii,K.）	108
ブランチャード（Blanchard,K.H.）	111
プリマック（Premack,A.J.）	71
ブルーナー（Bruner,J.S.）	83-4
フロイト（Freud, S.）	40,44
ブロフィ（Brophy,J.E.）	116
ベラック（Bellak,L.）	108

ボウルビー（Bowlby,J.）	29	モレノ（Moreno,J.L.）	100
堀ノ内敏（Horinouchi,S.）	137	**ラ 行**	
ポルトマン（Portmann,A.）	11-3	レイヴ（Lave,J.）	23
マ 行		レイナー（Raynor,R.）	68
前田健一（Maeda,K.）	109	レスコーラ（Rescorla,R.A.）	67
マズロー（Maslow,A.H.）	51	ローゼンタール（Rosenthal,R.）	116
松井 仁（Matsui,H.）	122	ロッター（Rotter,J.B.）	63
三隅二不二（Misumi,J.）	110	ワイナー（Weiner,B.）	57
ムース（Moos,R.H.）	121	ワトソン（Watson,J.B.）	16,68
メイヤー（Maier,S.F.）	60		

事項索引

ア 行

愛着（アタッチメント）	29
アイデンティティ	35
相棒	107
一次的動機	50
AET（Assistant English Teacher）	115
SL 理論	111
M 機能	111
横断的研究法	5
大人の条件	34
オペラント条件づけ	71

カ 行

外言	21
下位集団	101
外集団	100
外的強化	76
外的報酬	55
外発的動機づけ	51
学習	14
学習性無力感	60
学習優位説	16
学童期	31
学力試験	132
学力別クラス	124
学級経営	99, 114
学級集団	91-2
学級生活	117
学級風土	121
学級文化	113, 121-2
学校適応	109
ガルシア効果	70
加齢	4, 10
感覚運動的段階	29
感覚遮断実験	54
環境閾値説	18
観察学習	75, 78
観察法	131
機械的学習	84
期待価値説	52
基本的信頼	41
ギャング	104-5
——エイジ	32
教育測定	137
教育評価	137
強化	72
——因子	72
——スケジュール	73
正の——	72
負の——	72
教師	92, 114
——の勢力資源	112-3
——のリーダーシップ	110, 113
教師期待効果	116
均衡化	20
勤勉性	43
具体的操作段階	33
クラウド	105
クリーク	105
群衆	92
経験説	16
形式的操作段階	38
形成的評価	141
ゲス・フー・テスト	101
結果の予期	76
結晶性知能	6
原因帰属	57
効果の法則	71
公式集団	92, 99
効力予期	76
個人記録票	145

個人内基準	142
個人内評価	144
古典的条件づけ	65-6
個別式検査	135
孤立者	101

サ 行

再生法	133
再認法	133
作業検査法	134
シェマ	19
識字（literacy）	32
刺激制御	72
自己意識	98
自己概念	97
自己学習力	86
自己強化	76
自己効力感	76
自己像	34
自己中心性	30
自己同一性	45
——の拡散	46
指数	147
しつけ	30
実践共同体	23
疾風怒涛（Sturm und Drang）	35
質問紙法	134
質・量の保存概念	32
児童期	31
児童後期	104, 107
児童前期	104
自発的回復	68
四分偏差値（Quartile Deviation : Q.）	150
社会性	98, 107
社会的距離尺度	101
社会的コンピテンス	109
社会的水準	21
社会的スキル	105
社会的促進	96
社会的能力	98
社会的比較	97
——理論	97-8
社会的抑制	97
社会的欲求	97
自由記述法	132
自由記入法	133
習熟度別クラス	125
習熟目標	63
集団維持機能	110
集団規範	94, 100
集団式検査	134
縦断的研究法	5
集団雰囲気	100
集団文化	122
集団への凝集性	100
集団目標	100
受容学習	84
順位	147, 150
順位法	133
障害児	120
消去	67
消去抵抗	67
条件刺激	67
条件反応	67
小集団学習	122, 125
象徴的遊び	30
少人数学級	123
承認目標	63
職業興味検査	136
職業適性検査	135
自律性	41
新生児	11
診断的評価	141
親密さ	46
親友	107
信友	107
心理社会的危機	41
心理的水準	21
心理テスト法	134
遂行目標	63
随伴性	72
スクール・モラール	117

スター	101		調節	19
性格検査	134		TT (Team Teaching)	115
正規分布	148		適性処遇交互作用	85
成熟	14		転移	81
成熟優位説	15		同一化	100
生殖性	46		動因低減説	51
正統的周辺参加（LPP）	23		投影法	134
生得説	15		同化	19
青年期	105-9		統括的評価	141
——の延長化	34		動機	50
生理的早産	13		——の階層説	51
勢力	112		道具的条件づけ	70-1
積極性	42		統合	10
絶対基準	142		統合性	46
絶対評価	142		洞察	79
セルフエフィカシー	76		統制感	61
先行オーガナイザー	85		同調	95-6
前操作的段階	30		——行動	95
相互作用説	17		特別支援学級	120
双生児統制法	15		**ナ 行**	
相対基準	142		内言	21
相対評価	143		内集団	100
ソシオグラム	101		内発的動機づけ	52, 54
ソシオメトリー	100		仲間	108
ソシオメトリック・テスト	101-2, 109		——集団	104
組織風土	121		喃語	9
タ 行			ニート（NEET）	36-7
第一反抗期	30		二次的動機	50
胎児期	27		乳児期	27
第二次性徴	34		ニューメラシー	32
第二次留巣性	13		認知学習	78
代理強化	76		認知理論	79
多肢選択法	133		**ハ 行**	
達成動機	52		パーセンタイル順位（% *ile* 順位）	150
団塊的行動	10		パーセンタイル値（% *ile* 値）	150
地位	94		バズ学習	123
チェックリスト	136		罰	74
知能検査	134		発見学習	83
中性刺激	67		発生的認識論	19
調査法	132			

発達	2
――の最近接領域	22
発達加速現象	34
発達課題	39
発達段階	25
般化	67-8
反社会的行動	114
PMリーダーシップ理論	110
P機能	111
ピグマリオン効果	116
非公式集団	92,94,99,102
非社会的行動	114
百分率	147
標準学力試験	132
標準得点	150
標準偏差値（Standard Deviation：S.D.）	150
表象	29
評定尺度法	133
評定得点	147
ビリーフ	116-7
輻輳説	18
普通級	120
部分強化	73
フリーター	36-7
プリマックの原理	71
プレイ集団	104
分化	10,67-8
文章完成法	133
平均値	147
平均偏差値（Mean Deviation：M.D.）	148
偏差値	151
弁別	68
防衛機制	43-4
報酬	51,72
ホメオスタシス	50

マ 行

マザーリング	29
無条件刺激	66
無条件反応	67
メディアン	147
面接法	131
目標達成機能	110
モデリング	75
モラトリアム	35
問題行動	114,117

ヤ 行

役割	94,99
野生児	17
山アラシ・ジレンマ	108
有意味学習	85
友人関係	105
友人選択	102-3
誘発性	50
幼児期	29
欲求不満耐性	98

ラ 行

リーダーシップ	110-1
離巣性	12
留巣性	12
流動性知能	6
歴史的＝文化的発達理論	20
レディネス	14
連合	74
連合理論	79
レンジ（Range）	148
連続強化	73

編著者略歴

土 屋 明 夫（つちや・あきお）

最終学歴：1975年　日本大学大学院文学研究科心理学専攻
　　　　　博士課程修了
現　　在：日本大学（経済学部）准教授
主な著書：
『カウンセリング辞典』（執筆、誠信書房、1990年）
『社会心理学へのアプローチ』（編著、北樹出版、2000年）
『こころへのアプローチ（増補・改訂版）』（共著、田研出版、2004年）
『ガイド 社会心理学』（共著、北樹出版、2006年）　など

発 達 と 学 習
――教育場面での心理学――

2005年9月26日　第1版1刷発行
2008年9月10日　第1版2刷発行

編著者 ― 土　屋　明　夫
発行者 ― 大　野　俊　郎
印刷所 ― 松　本　紙　工
発行所 ― 八千代出版株式会社
　　　　〒101-0061　東京都千代田区三崎町2-2-13
　　　　TEL　03 - 3262 - 0420
　　　　FAX　03 - 3237 - 0723
　　　　振替　00190 - 4 - 168060

＊定価はカバーに表示してあります。
＊落丁・乱丁本はお取替えいたします。

© 2005 Printed in Japan
ISBN978-4-8429-1374-2